2019年重庆市社会科学规划项目（项目编号：2019PY23）

谢莹 著

颠覆与重构

启蒙时期的教育哲学及其价值

上海人民出版社

目　录

前　言

正如美国教育哲学家乔治·F. 奈勒所说："决定教育的最后根据是哲学，而大多数一般性的教育问题归根结底是哲学本身的问题。"[1] 诞生于18、19世纪的现代教育，其基本理念、方法与改革方案都是循着古今之变的现代性转折的节点而来，同时也配合着整个现代社会转型，作为政制设计的一个重要组成部分不断调节自身与整个政制设计达成一致。本书试图在启蒙运动以来整个现代性思想转变的视域之下，以反思启蒙时期的教育哲学及其价值为入思角度，对现代教育形成的历史脉络给予梳理和阐释，从哲学的角度探讨现代教育的话语产生和内涵生成。对现代教育的哲学根基进行反思有利于我们在一个更加广阔深远的视野中审视和考察教育的本质及其与政治社会的关系，这也是现代教育哲学必须回答的问题。

一、问题的缘起

古典教育的主要使命在于教化道德，教育目标不是传授知识

1 陈友松:《当代西方教育哲学》，教育科学出版社1982年版，第28页。

技能，而是为理想社会提供人文基础。然而，这一稳定的教育目标在启蒙运动之后发生了空前逆转。启蒙思想家设想的现代教育，是要将人从道德说教和宗教迷信中解放出来，鼓励人们用理性的眼光看待世界，学会实际的知识技能创造未来。启蒙思想家循着厘清人的本质，探求现代社会对人的要求，以期通过教育改变人的命运，进而改变国家社会命运。其教育思想忠实地体现了启蒙精神的基本原则。事实上，启蒙运动就是一场巨大的教育运动，启蒙思想的演进传播作为一场人类文明的历史性转折，从创发以来逐渐塑造出我们现代生活的形态及精神方式，在带来政制变革的同时也为教育带来了革命性的变革；在留下巨大遗产的同时，也给我们遗留了大量复杂的难题。如若要对现代教育问题作出恰当的回应，则需要我们一再返回这个为现代教育奠基的时代，经由对启蒙思想的检讨与扬弃而重新开始。通过审慎地批判启蒙精神中的教育理念，才能将其有效地整合到当代教育的目标体系与现实的教育改革之中。

现代社会发展至今，倡导理性主义精神、弘扬人的主体性地位的启蒙精神及其后果强劲地参与到人类生活的各个方面，同时也深刻地影响着现代教育的发展。随着社会结构演变为马克斯·韦伯所描述的“科层制”，现代性的教育价值观已然成为引领现代教育的重要力量。与此同时，由于启蒙精神本身的开放性，又使得现代教育面临种种难题。这些难题从根本上讲不仅仅是教育本身的问题，更是根植于古今之争之后的现代性文明命运转换的大问题。这些问题在我们理解教育的本质以及进行教育改革的时候如果不弄清楚就会导致一系列不可控制的后果，带来灾难。

现代教育中呈现的种种问题究其根源到底是因为教育的现代性不足抑或是现代性方案本身的缺陷造成的值得我们深思。

对现代教育哲学的研究不仅具有理论价值，更关系到我们每一个人的生活命运。在我国，现代教育的发展显现为一系列推动教育变革的具体事件。现代教育要在培养适应社会需要与个人全面发展两个向度上有一个更加圆满的效果就不能不对现代教育理念的历史形成进行梳理，考量其在整个政治哲学体系中的位置。对现代教育与启蒙精神以及现代性之间的内在关联进行反思有利于我们在更加宽广的理论视域中审视现代教育，为我们找出教育难题背后的原因，寻找到现代教育的合理出路，提供基本的理论准备与历史视野。

二、研究现代教育哲学的意义

西方文化是以希腊哲学为源头的理性主义文化，特别是启蒙以来，萌生了以人的理性和主体性为核心论域的现代性，它不仅催生了崭新的工业文明，而且几乎从根本上改变了整个世界的面貌。但是，随着西方工业文明的发展，现代性及其后果的弊病也日益暴露出来。传统价值观的失落，虚无主义的流行，对物质的贪婪追求，对环境的大规模破坏以及接连发生的世界大战都引起了人们对启蒙精神及现代性的质疑。可以说，西方现代以来的一切成就都与启蒙设计有关，西方国家发展过程中的兴衰成败也都可以从启蒙设计中探究根源。

19 世纪末，随着西方思想界开始对启蒙精神和现代性进行批判和反思，现代教育也受到越来越多的质疑和挑战。受此影响，我国教育界也开始对现代教育进行反思，有的学者宣告了现代教育日趋式微，还有的学者倡导后现代教育学对现代教育的替代。然而，正如施特劳斯所言，我们对启蒙的批判并不是要对启蒙品格的全然放弃，因为“哲学就其本质而言就是启蒙性质的，或者说，哲学天生就是要祛除人的蒙昧状态。”[1] 启蒙精神与现代性事实上已经作为强大的历史进程构成当今人类社会发展的必然命运，对于启蒙带来的根基性问题的思考也为我们提供了研究现代教育的重要契机。

本书在理论层面试图阐明现代教育的难题源于启蒙精神本身的内在困难。启蒙运动颠覆了传统价值体系中的基本原则，其本身的精神气质和创造的价值系统塑造着现代教育。我们首先在历史语境中反思启蒙时期的教育哲学，依托于对启蒙以来教育哲学发展史的考察，探讨对现代教育成型具有重大影响的历史人物的思想，梳理出构成现代教育内在紧张和危机背后的历史逻辑线索。整个研究将尽可能地阐明在笛卡尔、霍布斯、洛克、卢梭、黑格尔、马克思等的哲学思想中“教育”概念及“现代教育”意涵的转变与形成，厘清启蒙主流思想家在教育问题上的现代性诉求，围绕政治社会中教育地位及其功能的变化等问题，着重探讨随着现代政治社会的形成和演变，教育应如何培养“健全个人”和“现代公民”。教育是现代社会不可或缺的重要环节，当代教育若要在培养目标上有一个更加圆融的选择，也许要寄望于在民主政治设计的整体背景中去理解教育理论。如果只强调片面的教育理

1 刘小枫：《施特劳斯与启蒙哲学》，《西北师范大学学报》（社会科学版）2009 年第 3 期。

论，而不注意到教育理论是政治社会设计的重要补充，脱离整体理论视野，就不会真正理解什么样的教育理论是正确的，在此基础上产生的教育改革理论也会是混乱的。

同时，现代教育还具有生动的实践品格，对现代教育的哲学反思将不仅表现为一种观念的运动，更包含有具体和丰富的实践内涵。我国萌生于19世纪下半叶的现代教育思想，在教育变革过程中显现为一系列具体的历史事件。如果脱离现代教育演变的整体背景和理论视野，我们很难将中国教育理解透彻，也无法揭示目前我国教育种种怪象背后的深层原因。对现代教育理念形成及其成就进行反思，揭示我国现代教育的深刻危机，探索教育乱象背后的真正成因是本书在实践意义层面力争实现的探索目标。我认为，只有坚持从马克思的实践唯物主义和唯物史观出发，辩证地分析看待现代教育的成败得失，历史地分析各方对现代教育的批判，才能寻找出现代教育的合理出路，才能为我国教育改革发展提供有借鉴意义的思想和方案。

三、国内外研究现状

对现代教育进行哲学反思，寻求现代教育的合法性和正当性基础，探索走出当代教育困境的思路方法，历来被哲学家、教育家和思想家所重视，是他们思考和研究的重要论域。

（一）国外学界的研究现状

启蒙运动以来，现代社会的形成与发展直接影响并带动着教育从古典走向现代，特别是由启蒙精神萌生的现代性更是成为现代教育哲学话语展开的重要理论背景，因此，反思现代教育困境要求我们必须反思现代性。

1. 西方学界对现代性的反思与批判

在现代性发端之际，现代教育随之逐渐成形，两者之间有着相似的历史逻辑发展线索，现代教育与现代性的发展具有同步性。因此，对现代性的反思与批判是我们审视现代教育的重要理论背景，对现代教育进行哲学反思首先需要我们辩证客观地评价现代性及其后果。毋庸讳言，现代性不仅将人从宗教神学和迷信的束缚中解救出来，还引领社会创造了丰富繁盛的文明成果，然而，在人们享受着高度物质文明的同时，也忍受着现代性带来重重恶果。对现代性的关注和思虑是时代的使命，现代思想家均无法脱身于这种处境。

舍勒的哲学人类学从现代性问题出发，在其所处的社会时代和思想境遇中不断感知新问题、提出新构想，把握住了现代人整个不幸的深度（舍勒:《资本主义的未来》)。伦理意识也是舍勒思想关注的重点，他用“价值的颠覆”来概括伦理意识的现代变化，将其作为对现代性的一个基本论断（舍勒:《价值的颠覆》)。海德格尔将现代称为“技术时代”，认为所谓“现代性”就在于技术性，现代社会最基本的现象就是科学技术。他对现代性的批判首先就集中体现在对技术的批判上。他将“存在论”的本体论作为批判现代性的哲学基础，从而从一种全新的视角来看待现代技术和现代社会（海德格尔:《形而上学对现代世界图像的奠基》)。伽达默尔秉承了海德格尔的本体论转向，他在哲学诠释学中提出，特别是对于精神科学而言，科学方法并不能确保其真理性。但这并不意味着精神科学本身不具备科学性。对于这样的学科要获得真理，就不能依靠方法工具，而需要通过提问和研究（伽达默尔：《真理与方法》）。法兰克福学派的早期代表霍克海默和阿多诺揭示出启蒙理性向工具理性的蜕化。以启蒙为目标的现代性最终却转化为启蒙的反面，导致了启蒙的自我毁灭——“神话就是启蒙，而启蒙却倒退成了神话”。他们将对现代性的批判进一步推进到了工具理性主义的现代性批判（霍克海默、阿多诺：《启蒙辩证法》）。福柯将其对现代性的态度归结为“批判性质询”的品格。福柯认为现代性所倡导的自由、理性、科学在社会发展中日渐走向他们的反面，成为了统治阶级规训和控制被统治阶级的工具。基于这种分析，福柯对理性的专断、现代性在知识话语、权力运作等方面的滥用进行了深刻的批判，以期为人的理性设定界限，促进其在科学、技术、政治组织等方面“合理性”形式的形成（福柯：《疯癫与文明》《什么是启蒙》）。韦伯认为现代性以理性化为基本特征，理性化业已渗透到现代生活的方方面面。现代性给我们带来的后果则是那些终极的、最高贵的价值在公共生活中销声匿迹，工具理性化的过度膨胀导致我们再也无法从整体上把握世界和人生的终极意义。现代社会中人的独立价值也因为行政理性化的管理而完全丧失，个人只能选择压抑自己的个性和自由（马克斯·韦伯：《学术与政治》《新教伦理与资本主义精神》）。哈贝马斯作为后期法兰克福学派的代表，继承了法兰克福学派批判的理性主义传统，对发达资本主义社会的弊病进行了深刻的揭露和批判。在哈贝马斯看来，当今的西方文化正像胡塞尔所说的，偏离了希腊的理性主义，变成了一种唯科学技术是从的技术文化。技术文化已经从经济领域蔓延到政治领域，而且有进一步向社会生活的一切领域蔓延的趋势。不过，哈贝马斯并没有像早期法兰克福学派的代表人物那样，对西方现代资本主义采取全盘否定的态度，相反，他对造成当今资本主义现状的文化基础——理性主义，进行了深入的反思。哈贝马斯区分了目的理性和交往理性，认为当今西方社会的弊病主要是目的理性的无限扩张造成的。哈贝马斯主张以交往理性为基础重建西方理性主义文化，从而达到克服当今资本主义社会的弊病，建立新型的合理性社会的目的（哈贝马斯:《作为意识形态的技术与科学》《合法化危机》）。后现代主义者利奥塔、鲍德里亚等人则认为现代性在总体上已经是一个失败的故事，现代社会中出现的各种危机和问题归根结底都源自现代性，因此，必须对现代性予以彻底解构，重写现代性。

2. 西方学界关于现代教育哲学的研究

西方学界运用哲学理论反思现代教育的成果丰硕，但本论题几乎尚无研究专著，国外学界多在教育思想史和教育哲学史论著中有所涉及，没有系统性的研究成果，因此，本部分综述力求对较为零散的材料进行整理，展现对本研究具有帮助的背景资料全貌。

詹姆斯·麦克莱伦的《教育哲学》认为教育哲学和教育基本理论的问题，均可以还原为语言问题。教育哲学如果能以清晰的概念取代混乱的概念，通过缜密的定义和逻辑上严格的限制界定概念的范围，梳理概念之间的关系，就能清除我们思维中的内在矛盾，化解传统教育哲学家之间的纷争。奈尔·诺丁斯在其《教育哲学》中谈到教育哲学是对教育和教育问题的哲学研究。其核心问题是教育，研究方法则是哲学的方法。教育哲学既然是从哲学的视野来研究教育问题，那么就需要了解哲学的基本分支：认识论、语言哲学、伦理学、政治哲学、科学哲学、心灵哲学和美学哲学等。作者在对教育问题作了一般性知识介绍和历史回顾之后，讨论了当代教育哲学家使用分析哲学、存在主义、现象学、批判理论、解释学和后现代主义的方法和视角分析探讨教育问题，展示了哲学争论在教育领域的严肃性以及教育问题本身的复杂性。杜普伊斯·高尔顿在《历史视野中的西方教育哲学》一书中主要围绕"人是什么""人如何进行认知""什么是真理和善"等问题展开探讨，运用存在主义、分析哲学、后现代主义等进行运思，并将教育思想划分为保守主义和自由主义两大阵营：前者肇始于柏拉图和亚里士多德，经罗马时期、早期基督教时期的发展，至文艺复兴达到顶峰；后者在文艺复兴之后粉墨登场，发展至杜威灿烂一时，其后便出现了两者之间的斗争与融合。布鲁贝克的《高等教育哲学》从近一个多世纪以来高等教育中出现的实际问题出发，对西方高等教育的主要学派及其重要著作进行了概括的评述，提出了一套完整的高等教育哲学体系。奥兹门、克莱威尔的《教育的哲学基础》是美国经典的教育哲学教材之一。书中从对教育产生深远影响的哲学思想的形成背景出发，介绍了古典以来主要的哲学观点在教育领域的具体主张，探讨了实用主义、行为主义、存在主义、分析哲学、马克思主义、后现代主义等哲学流派对教育理论和实践的影响。

除此之外，近年来出版的涵盖了对现代教育的哲学基础研究的专著还包括：乔尔·斯普林格的《脑中之轮：教育哲学导论》，杰·阿·阿基比鲁的《教育哲学导论》，胡森、波斯尔斯维特主编的《教育哲学》，菲茨帕特里克的《教育哲学》，鲁斯克的《教育与哲学》，巴格莱的《教育与新人》，N.B. 亨利编写的《现代哲学与教育》，H.W. 伯思斯和 C.J. 布劳纳编写的《教育哲学》，R.D. 阿香博编写的《哲学分析与教育》，W.K. 弗兰克纳编写的《教育哲学》，J.L. 贾勒特编写的《教育研究的哲学》，C.J. 卢卡斯编写的《什么是教育哲学？》，M. 沃兴的《教学与哲学》，T.W. 穆尔的《教育哲学论导论》，V.C. 莫里斯的《现代教育哲学运动》，J.P. 斯特兰的《现代教育哲学文选》，H. 奥兹蒙的《当代教育评论选》，E.E. 贝尔斯的《教育中的实用主义》，W.O. 马丁的《教育中的实在论》，W.K. 弗兰克纳的《三种历史性的教育哲学》，C.F. 奈勒的《存在主义与教育》，V.C. 莫里斯的《教育中的存在主义》，D.E. 丹顿编的《教育中的存在主义与现象学》，D.J. 奥康纳的《教育哲学导论》，谢弗勒的《知识的条件：认识论与教育导论》，G.K. 奈勒的《教育中的逻辑与语言》，J.P. 素尔蒂斯的《教育概念分析导论》等。

（二）国内学界的研究现状

1. 关于教育与现代性问题的研究

我国的现代教育萌生于 19 世纪下半叶，到 20 世纪八九十年代，教育现代化成为众多学者追求的理想和价值目标，其主要特征、发生机制、发展过程、价值取向、内容目标等成为这一时期热议的话题。褚宏启的《教育现代化的路径》对教育现代化的进程进行较为全面的研究，明确提出对教育现代化问题的分析模型和研究方法。还有学者在对教育现代化基本内涵研究的基础上，专门探讨教育现代化理论在中国现代教育发展过程中的实践运用。例如谈松华主编的《中国教育现代化的区域发展》一书基于对教育现代化内涵和中国教育现代化历史进程的探讨，进而在对我国不同地区教育现代化的区域特征和实现条件进行聚类分析，探讨协调中国教育现代化区域发展的策略。

到了20世纪末叶，我国学界对现代性问题的探讨日渐代替对现代化问题的讨论。教育的现代性问题开始受到教育学界的普遍关注，一些学者开始以一种历史的视野来观照教育现代性。丁钢的《历史与现实之间：中国教育传统的理论探索》将中国教育的传统文化内涵与社会谱系作为考察对象，强调对中国教育的现代性探索必须从中国历史出发、从自身的文化内涵出发。岳龙在《现代性境域中的中国教育传统》一书结合对中国教育传统精神实质的理解和对中国教育现代性本质的思考，从历史流变的角度探讨现代性境域中的中国教育发展的问题。提出，中国教育由传统走向现代的过程中受到了西方教育发展的影响，中国教育在这种文化冲击之下保持了自身演变的精神逻辑，并被激发出教育传统中富有现代价值的精神资源。

近年来，随着对教育现代性研究的深入，我国很多学者也对教育的现代性问题进行了批判和反思。金生鈜的专著《规训与教化》从现代性的文化处境出发，深入探究教育的现代性问题，从规训与教化的角度分析现代教育在现代性演变过程中的尴尬境遇，对在现代社会重建教化途径进行积极探索。吴亚林在《价值与教育》一书中指出现代社会的发展既拓展了教育在人类生活中的作用，也使得教育越来越被工具化，教育的教化功能日渐衰退。因此，我们应对现代性语境之下的中国现代教育进行反思，重新审视教育理论，从人的生存问题入手重构教育观念，建构价值教育的基础理论。

在教育现代性受到各方冲击的同时，我国也有学者对教育现代性的合理性进行辩护。于伟的《现代性与教育》一书围绕教育观的现代性这一问题领域，针对现代主义与后现代主义对教育哲学的影响，提出不应片面地否定教育现代性。通过探讨教育观的现代性焦虑问题与哲学应答方法论、有限理性主义教育观、实用理性教育观及其必要的张力、科学理性及其科学人文主义教育观等问题，为教育现代性的正当性和合理性进行辩护。吴全华在《教育现代性的合理性》中认为教育现代性本身具有理论和实践上的合理性，但教育现代性的展开却又呈现出种种悖论，解决问题的关键在于实现教育现代性的方式。我们既要能够充分发展教育现代性，又要克服教育现代性的反主体性效应，超越以主观理性为合理性基础的教育现代性，使人的个体主体性得以健康发展。

还有其他一些著作也涉及教育现代性，如杨东平主撰的《艰难的日出：中国现代教育的20世纪》、冯青来的《文化与教育——教育理理念的文化哲学沉思》、钱民辉的《多元文化与现代性教育之关系研究》、郑富兴的《责任与对话——学校道德教育的现代性思考》、岳友熙的《追寻诗意的栖居——现代性与审美教育》、刘铁芳的《生命与教化——现代性道德教化问题审理》、叶飞的《现代性视域下的儒家德育》、樊改霞的《教育公共性——公共教育的现代性转型》、高中建和孟利艳的《德育走向与德育接受：现代性德育研究》、邢晓红的《构建与超越——思想政治教育现代性研究》等，这里不再一一介绍。

2. 关于现代教育哲学的相关研究

我国教育学界对现代教育的关注较早。20 世纪 30 年代，王慕宁编写的《现代西洋各派教育哲学思潮概论》对包括新康德主义、实用主义、文化教育学派、现象学派在内的现代教育哲学思潮进行介绍；陆人骥撰写的《教育哲学》在对教育和教育哲学基本概念进行分析的基础上，对现代教育哲学的派别进行整理介绍。

20 世纪 80 年代初，我国开始重建教育哲学之后，教育学界对现代教育的探讨首先从基本概念入手，注重研究基础理论。黄济、王策三主编的《现代教育论》探讨现代教育的内涵及其内在规定性，分析现代教育的矛盾运动和历史发展过程，结合马克思关于教育的相关理论，提出现代教育应当致力于同生产劳动相结合、培养全面发展的个人。申振的《现代教育哲学》从哲学与教育学相结合出发，寻找哲学和教育学的结合点，确立教育哲学的基本范畴。同时，注重传统理论与现代理论的协调，从我国教育实践中寻找教育哲学理论的生长点。梁渭雄、孔棣华的《现代教育哲学》基于对教育哲学的概念、研究对象、历史发展的认识，尝试在原有体系基础上改造现代教育哲学体系，改变过去教育学与哲学的生硬结合，力图建立一个反省现代精神和科学发展的系统的、严谨的、简明的现代教育哲学新体系。

随着研究的深入，我国教育学界对现代教育哲学的认识越加系统化。特别值得一提的有由陆有铨、石中英主编的"京师教育哲学论丛"，收录了我国教育哲学研究的最新理论成果，展示了我国学界对教育与哲学的关系、教育哲学与其他学科的关系、教育哲学研究中的中外关系、古今关系、理论与实践的关系研究的推进情况。石中英主编的《中国中青年教育学者自选集》汇集了中青年教育理论学者的研究成果，基于全新的理论背景和知识结构，丛书多角度展现我国教育理论体系建设的最新成果。

此外，我国关于现代教育哲学研究的相关理论成果还有：曾成平的《现代教育哲学新论》、王坤庆的《现代教育价值论探寻》结合中国实际，对教育价值观进行多视角和多层次的探索，是对现代教育价值研究的一个尝试；成有信的《现代教育引论——现代社会·现代教育·现代人》探讨现代教育与现代社会各个方面的关系问题，以及现代教育如何培养全面和谐发展的现代人的问题；王长纯的《和而不同：比较教育的哲学思考》在反思中外比较教育学者杰出成果基础上，为建设具有中国文化精神的比较教育学进行的理论探索；彭正梅的《现代西方教育哲学的历史考察》以卢梭以来教育哲学发展历史为线索介绍西方现代教育哲学精神历程；《思想与社会》编委会编写的《教育与现代社会》中收录的论文关注教育与现代社会、现代教育与古典教育之间的深刻张力，认为现代中国教育改革也将最终取决于能够在何种程度上化解具有根本冲突的两大传统，使其成为建构和批判现代中国社会的力量。

综上可以看出，国内外学者对现代教育进行哲学反思取得比较可观的研究成果。特别是国内学者对现代教育哲学的研究经历了从“现代化”到“现代性”的语境转换，体现出在把握核心概念方面越加准确，理论研究逐渐深入。但是从整体上而言，对于现代教育的哲学研究还存在一些缺陷和不足。

首先，对现代教育的话语形成背景和哲学根基进行反思的专著并不多见，这一领域的研究还没有形成系统。众多现代教育思想史和现代教育哲学论著中或多或少涉及对现代教育哲学根基进行思考的相关内容，也论及现代教育的形成背景，但它们都不曾专门研究现代教育形成的哲学语境和哲学基础，重点自然也就不会放在现代教育与启蒙精神间的内在联系上，对现代政治社会中教育意涵的转变和现代教育内涵形成的脉络也就不可能有一个清晰的说明。

其次，将教育融入政治思想史的整体视野中进行研究的成果并不多见。教育是整体社会教化的一部分，又是民主社会不可或缺的重要环节。民主社会的教育理论是民主社会设计的重要补充，在现代社会不可能脱离民主政治设计的整体背景片面地理解教育理论。部分教育哲学专著关注到这一问题，但论证浅尝辄止，不够充分深入，没有系统揭示两者之间的深刻内在联系。

最后，对教育哲学的研究，尤其是在国内学界，成果已经非常多。然而，由于将教育与哲学结合起来研究现代教育的问题显得还比较生硬，因此都存在不同程度令人遗憾的缺陷，不能让人满意。

需要说明的是，述及前贤研究成果的不足，主要意在发现问题，并试图进一步开掘可能的学术研究空间，希望对现代教育的发展尽一份微不足道之力。

四、逻辑与结构

本书第一章从前现代教育哲学、第一哲学、现代政治哲学三个维度考察现代教育哲学的历史源流。与古典教育哲学的比较使我们可以发现现代教育哲学本身的特质。通过对现代政治思想史的分析，可以看到，教育哲学中，很多时候决定其研究内容与边界的实际上是政治哲学话语，现代教育哲学与现代政治哲学对于理想社会的设计息息相关，被政治哲学的范围所设定。而现代政治思想的形成与自笛卡尔以来的第一哲学话语的转变又是离不开的。笛卡尔的哲学使得西方哲学重新发现了新的地基——主体性。这种主观与客观的二分构成近代哲学的基本叙述策略，这种二分也是哲学之下的其他次级学科的基础。不管是政治哲学还是教育哲学，都奠基在主体性这个确定性的基础之上。这也是为什么我们在进入现代教育的考察之前，首先要搞清楚教育哲学与政治哲学、教育哲学与第一哲学之间关系的原因。

第二章分析启蒙时期第一波次现代哲人对现代教育的设计，探讨现代教育哲学话语的初步展开，揭示其为现代教育哲学预留的困境。现代性的政治话语导源于启蒙运动，自然法、契约论、人民主权等逐步在现代政治话语中取得统治权力，这是政治权利话语的一次大的转型，也是教育话语的转型条件。现代政治思想的形成直接影响了教育哲学话语的展开。现代教育的基本理念、方法与改革方案都是循着启蒙运动造就的现代性转折节点而来，同时也配合着整个现代性转型，作为现代政制设计的一个重要组成部分不断调节自身与整个政制设计达成一致。以霍布斯、洛克为代表的第一波次现代哲人基于对自然状态中的人及其拥有的自然权利的理性分析，实现了对人的理解的转型，进而构筑了现代教育学说的基础，忠实地体现了启蒙思想的基本原则，也为现代教育带来一系列问题。

第三章阐述启蒙时期第二波次现代哲人的代表卢梭所构筑的教育学说，重点分析卢梭的道德教育方案。卢梭以启蒙“分裂者”的姿态出现在时代前沿，他深刻意识到洛克等启蒙主流思想家教育哲学方案的缺陷，试图以自然主义的道德教育方案弥补其不足，在理性主义启蒙哲学的废墟上重新建构现代社会的道德基础，重申人类生活和教育中的德性之维。卢梭以培养具有健全判断力、完整自足又可融入社会的“自由人”为教育目标，期望将人从道德怀疑主义、相对主义甚至虚无主义的苦痛深渊中解救出来，克服启蒙哲学及随之形成的现代教育给人造成的多重分裂，恢复人性本身的完整和统一。

第四章重点分析马克思在唯物史观和实践唯物主义基础之上实现的“教育革命”。马克思认为启蒙带来的理性主义以及资本主义生产方式导致人的普遍异化和片面化，必须通过教育来改变这种局面。马克思以人的本质为逻辑起点，从新的理论视域深刻揭示现代教育的本质及其目的，找到实现人的全面发展的现实途径。马克思的教育思想批判性地继承了启蒙精神的思想理路，将对政治社会的关怀与教育改革问题密切联系，基于对人的本质的准确把握，最终实现了对启蒙时期教育思想的超越，使我们意识到教育问题的解决方案必须放在现代社会整体设计的视野之下来加以考虑，达到教育理论的新高度。他所提出的革新方案为我们解决现代教育的问题指明了方向，到今天仍然启迪着我们实现教育理论的创新和教育实践的改革。

第五章分析启蒙精神为现代教育带来的得与失，探讨现代教育的处境以及所面临的焦虑。现代教育自从其萌生之日起便与启蒙精神深深纠缠在一起。启蒙建立了自身新的传统并取得了统治性地位，现代教育设计正是配合这种新传统的形成与精神内核的品质建立起来的。极力张扬人的主体性地位、倡导理性主义精神、崇尚科学力量、引领世界“祛魅”的启蒙精神及其所形成的价值观深刻影响着现代教育，在遗留下巨大财富的同时也留下了更为复杂的难题等待我们解答。我们通过教育理论的现代展开可以看到，目前我们所处的历史时代所面临的难题，比如：道德虚无主义的问题、科学与人文主义之间的对立的问题、教育中的权威问题，等等。现代性的历史仍然在展开之中，还没有完全穷尽他的可能性，现代教育既是新的时代精神的反映，也是时代难题的展示，要解决这些问题需要通过我们这个时代的人们艰苦探索与摸索才能够完成。

第一章　现代教育哲学形成的历史背景

第一节　前现代的教育观念

理解现代教育哲学需要比照古典教育哲学的特质，而在哲学层面谈论教育问题则要求我们在更为基础的语境中考察教育的概念。这样我们在观审现代教育问题的时候才具有历史眼光，才能真正地理解现代教育。

一、中国古代的教育哲学：儒家的教化观

不管是我们考察东方还是西方，古代政治都不同于现代政治，教育亦是如此。古代政治观念都与德性伦理或者“善”相关，在中国古代就是以道、德、仁、义为核心，同时，几乎所有古代政治家都认为古代政治的核心就是教育。当然古代的教育观念绝不是现代的教育观念，虽然是同一个词但是含义与外延有着根本的差别。应当说，在古代的教育概念更接近于教化概念。

《礼记·学记》开篇这样说：“发虑宪，求善良，足以谀闻，

不足以动众。就贤体远，足以动众，未足以化民。君子如欲化民成俗，其必由学乎。”[1]这句话充分显现出古人对于教育几个层次之间的清晰认识。《学记》的一开头就说得很清楚：什么是古典意义上的，或者古人意义上的“学”。发动思虑，招求善良，可以获得一些声誉名声，但是不足以动众。“动众”意味着对于群体产生潜移默化的移风易俗的作用。亲近贤人，体恤远人，可以让大众动心，但是不足以化民。“化民”是比动众更为根本的目的，化民意味着，逐渐的、长久的、无声息的转化，而不是经过轰轰烈烈的改造运动实现的。在《学记》的开篇我们还看到中国古人对于“学”的层级的区别：自适性的学习即通过用心思虑，接近善人、良人可以得一些小名声，但是不能让大众动心；比这个高一级的学习是通过就贤体远，来摇动大众之心，但是没有达到化民的艺术性高度；要想化民只能通过“学”，也就是教育。这种程度的区分表明，如果教育或者学者仅仅是自适性的教与学，那么是相当“小器”的，“化民成俗”才是教与学的最高目标。换言之，教化大众、养成善好风俗、塑造德性社会共同体才是教者与学者的最高目标。佛家谓小乘度己，大乘度人，这里的区别就是小乘与大乘的区别。古代教化的观念绝对不是求学者自身成为良好的工具就是成功的教育了。相反，如果不能动众、不能化民成俗，这个教育过程就远远没有完成。

《学记》的第二句谈道：“是故古之王者建国君民，教学为

1 王文锦：《礼记译解》，中华书局 2001 年版，第 513 页。

先。《兑命》曰：‘念终始典于学。’其此之谓乎。”[1]我们可以看到，教育在古代政治中处于核心地位。通过教育，百姓而能“知道”。“道”不是别的，就是一个政治共同体成为良善的、德性的共同体的道路与途径。教育或者教化与古代政治理想的实现息息相关。而这个相关性在现代性展开特别是资本化、全球化的生产方式中逐渐湮灭。我们会发现现代教育的目标时常局限于将人培养成为生产链条中的一个合格的螺丝钉，将人作为合格的工具进行培养是现代教育与古代教育的一个最大区别。古代教化的最终目标是“化民成俗”、使民“知道”。所以在古人看来“记问之学，不足以为人师。必也其听语乎！力不能问，然后语之。语之而不知，虽舍之可也。”[2]“记问之学”即知识性的学习，这种可重复的知识性的记忆与背诵没有资格称为教育。知识是可以传授的，而不可传授的才是教育最核心的部分。在古人看来，不可传授的如果时机不合适或者对象不合适，不应该多说。这个教育原则在古代被视为常识，但是在现代教育机制内，却绝不被允许。

我们看到，在这短短的几段话内，古典教育与现代教育的重大区别已初现端倪：现代教育以知识性、技术性的传授为首要目的，古典教育则首先是化民成俗，成人成德之学；现代教育的方式将教育对象的区别抹消，主要传授可以重复的知识性内容，而古典教育强调教育对象在品格与层次上的区别，强调教的时机与条件。可以看到，古典教育强调人的层次以及人的目的在于成德

1 王文锦：《礼记译解》，中华书局 2001 年版，第 513 页。

2 王文锦：《礼记译解》，中华书局 2001 年版，第 521 页。

知道，而现代教育更多的是适应于工业化大生产的需求。

《学记》中接着说："大德不官，大道不器，大信不约，大时不齐。察于此四者，可以有志于学矣。"[1]"志于学"，意味着知道大学之大在何处，如果眼界仍然限于器物的限制之内，则不能言学。"志于学"，也意味着知道何为"大德"，何为"大道"，何为"大信"，何为"大时"。而这些内容都不是知识性的、可以重复的技术性内容，而是通过思辨以及修养达到的道通天地的境界。中国古人认为只有通晓这些学问才算是真正的有志于学，才是真正的学人。学问之道不在他处，就在知道如何化民从俗，如何成德成人。古代教育的根本目的就是建立一个德性的、善好的政治共同体。故曰："三王之祭川也，皆先河而后海，或源也，或委也。"[2]教育在政治共同体建立的过程中起到了本源的作用。作为古代政治核心的教育在现代政治哲学的设计中成为构建现代政治社会的服务性手段，应该说地位也很重要，但是不承担成德成人的功能了，转而成为培养合格的公民的功能。考察这个问题的历史发展轨迹也是我们理解古典教育哲学与现代教育哲学之间差别的重要切入点。

值得注意的一点是，不管是在西方还是东方的古典哲学中，教育的等级制因应于灵魂 / 道德的等级制，不同品质的灵魂 / 道德适合做不同的职业，因此也应该受到不同的教育。在《理想国》中，柏拉图谈到了几种灵魂的等级，分别适合于培养哲人王、城邦守护者以及一般民众。柏拉图主要谈的是战士的教育以及哲人

---

1 2 王文锦：《礼记译解》，中华书局 2001 年版，第 523 页。

王的教育，几乎不谈其他一般民众的技术教育。而我国古代教育中的典籍主要是教育贵族子弟的，这些后来成为“经”的典籍目的只有一个就是培养政治哲人。古代教育培养的君子与士人，都是统治性的人才，不是普通民众。而且学分内外，有内传、有口传、有秘传，最典型的例子就是《春秋》公羊、穀梁传，都是原先口口相传，之后才著于竹帛，《庄子》分为内外篇也是这个传统的一个显示。内学只对灵魂等级合适的人传授，外学则传以一般性的学问。所以从战国到两汉，道学一直被认为是真正的内学，儒学反而是外学。这里的另外一条依据就是蒙文通先生关于西周田制的研究。他认为，西周时期乡遂异制，彻助并行，其中很重要一条就是国人跟野人之间的等级差别，除了反映在社会生活中，还反映在教育上。“六乡、六遂田制不同，出兵不出兵不同，建学与不建学又不同。”[1] 乡的教育内容就是“六德、六行、六艺”。六艺教出来的乡弟子只能将来做乡遂的长官，不能入“国学”。国学培养的才是贵族子弟。所以宋朝的刘彝说：“古者乡学教庶人，国学教国子，乡学所升，不过用为乡遂之吏；国学所升则为朝廷之官；此乡学国学教选异，所以为世家、编户之别。”[2] 简言之，不管是中国古代还是古希腊，都以灵魂的等级制或者德性的等级制作为教育层次的基础，而不是我们现代教育依赖的平等观。

我们回到《礼记》中涉及教育哲学的篇章。除了《学记》，另外两篇关涉到教育哲学或者教化问题的重要篇章就是《大学》和《中庸》。廖平把这两篇说明为：“《大学》为‘人学’，《中庸》为

1 2《蒙文通全集》，巴蜀书社 2015 年版，第 332 页。

‘天学’。人学五帝，始于颛顼。天学五帝，始于太皞。《大》《中》二篇凡引《书》者为人学，凡引《诗》者为天学。《素问·上古天真论》以圣人、贤人为‘人学’之帝王，以‘真人’、‘至人’为天学之皇帝。”[1] 在廖平的等级划分之中，古学或者儒学的区分很明确分为几等：天学为诗学、易学；人学为书经、春秋、三礼。易包诗，诗包书，书包春秋，春秋包礼。那么，古人的修学次第又是怎么样的？庶人、君子之上为圣人，圣人显然不是最高的等级。不管在《庄子》里还是在《黄帝内经》之中，圣人之上还有神人、至人、真人的等级。这些等级如何区分以及又对应着什么学问是经学仍旧需要探究的问题。不过在廖平的《经学五变记》中，我们可以看到，儒学所谓的六艺仅仅只是培养庶人的技术，根本还不是关键所在。这种教育或者教养的层次差别是一个中国古代教育哲学的重大问题，也是儒学的重要问题。

“盖圣学由人而天，先必行而后知也。‘人学’重在实行，所以立天下国家之准；‘天学’不能骤企，惟当深知其理，自有卓尔而立之时。”[2] 在所谓“天学”篇章的《中庸》一开始就谈到何为“教”的问题。“天命之谓性，率性之谓道，修道之谓教。”[3] 郑玄注为：“天命，谓天所命生人者也，是谓性命。”[4] 郑玄的注明显不如《大戴礼记》中的注解深刻。戴震在《中庸补注》中引曰：“《大戴礼记》曰：‘分于道谓之命，形于一谓之性。’”[5] 这里牵扯到中国古典哲学中几个至为关键的基本概念：天、命、性、道、教。而教

1《中国现代学术经典：廖平蒙文通卷》，河北教育出版社 1996 年版，第 268 页。

2《中国现代学术经典：廖平蒙文通卷》，河北教育出版社 1996 年版，第 273 页。

3 4 5 戴震：《戴震全书·中庸补注 2》，黄山书社 1994 年版，第 51 页。

处于最终的位置。“教”其实是“修道”，此道即治国平天下。这在经学家廖平眼中也仅仅属于人学的范畴，远不及天学的深度。所以，在《中庸》的作者看来，“教”起到的是贯穿天人二学的作用，其重要性不言而喻。命乃分于道之命，性乃道形于一之性，道为总支。由此命为知天命，合于道。修此道则为教。教起到的是贯穿天、命、性、道的作用。在儒家的教育哲学中，教不是别的就是天人之学。只有这样的学问在中国古典哲学中才能叫完整的“教”。而“教化”之化，就在于化天下于道。

明白了古代的“教”是贯穿天人的道术之后，《中庸》后面的句子就可以联系起来理解了。“喜怒哀乐之未发谓之‘中’；发而皆中节谓之‘和’。‘中’也者，天下之大本也。‘和’也者，天下之达道也。致中和，天地位焉，万物育焉。”[1]要理解这里的“中”，必须是在梳理清楚天、命、性、道、教的关系的基础之上。“中”指的是喜怒哀乐之未发，也就是人性分于道而未形之时。分于道而未形为“中”，“中”为天下之大本，也就是分于道而未形的时节是天下之大本。在此需要注意的是，我们应该尽量避免以现代学科的划分去接近古典哲学。儒家的着眼点在这个“未发”之上，这个未发与道家的“为无为，事无事”有同等的妙用。因为在这个“中”里，我们看到的都是“分于道而未形”的部分，都还是属于可能性而不是现实性。中庸之道的“中”，实际就是天下之大本的“未发”之“中”。离开这一点我们对于中庸的理解就会偏差，就会以自己庸俗的眼界去理解“中”。“发而

1 王文锦:《礼记译解》，中华书局 2001 年版，第 773 页。

中节”是谓达道；达于达道而后才能说“天地得其位，万物得其育。”只有天下之大本才能与这个天地之位以及万物之化育相匹配。而从第一句我们可以得知，修道之教的最终目的就是：天地得其位，万物得其化育。其立意不可谓不大。而完成这些目标的不是别的，就是：教。由此我们可以看到“教”在古典哲学中的核心位置，作为教化不仅仅对于政制也对于整个天地万物的秩序负责任。这一点，是与西方哲学传统不同的。西方哲人的教化观没有这么广大。特别是现代政治哲人设计的政制中教育仅仅是为政制培养合格的公民而存在的话，教育就只具有功能性作用，不再是这个通天人之学的“教”了。这也是对于教育理解的古今差别。陈柱在《中庸注参》中引用唐文治的说法解释：“此章言性情教育，推原天命，实即人道教育也。人道以性情为本，……可见修齐治平之本，以治性情为要。”[1] 对于教化的重视是中国古典哲学的一大特点。这个特点直接影响了中国文化的特质。孟子曰：“君子务本，本立而道生。”天下之大本即在此“中”，为政、治天下亦着意于“中”。正因为如此，孔子说：“君子依乎中庸，遁世不见知而不悔，唯圣者能之。”[2] 这个“中”道只有“圣者”也就是以天下观天下的圣人才能做到。那么我们的哪一门现代学科是负责培养圣人的呢？由此我们可以看到，现代学科与古典学科之间没有关系。他们之间的差异判若云泥。只有理解了古典教育哲学基本内容之后，我们对于教育哲学的现代特质与转变才会更加清楚。

---

1 陈柱：《中庸注参》，商务印书馆 1931 年版，第 6 页。

2 王文锦：《礼记译解》，中华书局 2001 年版，第 777 页。

二、古希腊教育哲学：走出洞穴与重返洞穴

古希腊哲学是人类文明史上的奇迹之一，与中国古典文明一样，也是我们现在需要回头去重新发现并且能够不断提供精神养料的源头。古希腊精神与希伯来文明是西方文明的两大脉络，哲学、文学、艺术以及科学都在这两条脉络上展开。理解西方文明需要理解这两条线索，现代性精神的源头实际上也来自古希腊精神的一脉。在西方文明内部，古今之争以及现代性与反现代性之间的对立从来没有消失过，西方文明的图貌实际上是在这两条路线的互相纠缠中呈现出来的。

古希腊哲学与教育问题息息相关。苏格拉底整日与青年人在一起讨论问题，实践他的哲学生活，最终被雅典法庭判处了死刑。苏格拉底的审判最终成为思想史上的一大研究中心。我们不能忘记，对苏格拉底的判词中说：苏格拉底败坏青年，教青年人不信本邦的神。对于这个问题，黑格尔在《哲学史讲演录》中的评价是：两种伦理力量的对抗，是个悲剧。在柏拉图哲学中，教育也出现在他最重要篇章的中心位置。教育直接牵扯到他的理想国的构想。在《斐多篇》与《理想国》中，最核心的部分都是教育问题。我们可以看到，不论在中国古典，还是西方古典中教育都是处于一个核心地位。在古典哲学中，教育实际上是教化的问题，这些问题处在政治哲学的中心。古典教育概念外延与现代教育明显不同，这里的变化实际上是由于时代精神的变化引起的。

古希腊哲学中最能体现教育精神的首推柏拉图的教育思想，

下面我们从两方面来讨论柏拉图的教育问题：一方面是从洞穴比喻开始，另一方面探讨他对于知识的本质看法。实际上第二部分包含在第一部分之中。

柏拉图作品中善于使用神话与诗来讲道理，这种修辞手法在古典哲学中是常见的方法。“聪颖的柏拉图在向所有的人启发和揭引每一种知识时，并未感到自由。所以柏拉图采用了象征、谜语、晦涩和笨拙之类的成法，好让知识不落入那些不配享有反而会使知识变形的人手中，或者不会落入那些不识货或不会恰当运用的人手中。……这种观念就是柏拉图的秘密之一。”[1] 古希腊哲人毕达哥拉斯也把学问分成可以公开教授的和只能教给少数人的。如果不熟悉或者不知道古典哲人的这种手法，就分不清哪些是公开的言说，哪些是通过象征表达的真言。这个问题通过当代施特劳斯学派对于古典的解读越来越引起学界的注意，提醒我们注意这一被遗忘的传统。对于柏拉图的解读曾经在学界引起了很大争论：一方坚持有未成文的传授，也就是“秘传”；一方认为不存在这种秘传。图宾根学派就是坚持有“秘传”的一方。而沟通内学与外学或者秘传与公开传授的中间联系者就是“诗术”。通过这个背景我们可以更好地了解柏拉图最重要的学说何以都是通过比喻与象征的手法来表达的。

柏拉图认为哲人王是政体中最好的，哲人王如何教育构成第六卷的主要内容。第七卷承接这一内容，一开始就谈洞穴比喻。洞穴比喻不只是柏拉图哲学的中心意象，也是西方哲学的中心意

1［德］费勃：《哲人的无知》，王师译，华夏出版社 2010 年版，第 3 页。

象。洞穴比喻大体分为两个步骤：哲人出洞穴与哲人返回洞穴。第一部分的故事里，我们不难看出它其实是柏拉图知识学说的缩影。柏拉图知识学说的关键也是两个比喻：太阳的比喻与四线段学说。柏拉图认为，灵魂都有观看真理的能力，不过问题在于，灵魂习惯观看的方向导致灵魂会把非真理当成真理。也就是在他看来，因为灵魂忘却了隐藏在本身内的神性，学习就是回忆起这些被遗忘的神性，而教育不是别的，就是使得灵魂转向。洞穴内部的囚徒就是因为灵魂长久的只能注视影像，造成把影像当成唯一真实的实在。在柏拉图看来教育就是唤起深藏在灵魂内的转向，没有这种灵魂转向，教育不能被称为教育。这里我们可以看到古典教育与现代教育的根本区别之一：古典教育注重的是灵魂的转向，是对人的灵魂的提升与人的尊严的实现。

我们接着看洞穴比喻中的深意。洞穴内的情况是绝大部分人的生存状况：习惯于将影像当成真实，实现不了灵魂的转向。这个情况与柏拉图的另外一个比喻相关：四线段比喻，也就是关于知识的分类的比喻。四线段比喻建立在柏拉图的两分法之上，即意见与知识的两分之上。意见与知识各自包含两种类型，又分为：幻想、信念；数学知识与理性知识。而幻想、信念、数学知识与理性知识分别对应的是：影像、自然物、数学型相与本原。前两部分为可感领域，后两部分为可知领域。我们不难看出洞穴比喻中关于知识类型分层与四线段说之间的对应关系。在柏拉图看来，四线段的划分也是根据理性知识也就是对于精神来讲清晰程度的区别。只有理念，也就是理性可以先天直观的知识才是最为清晰的知识，其次是数学的型相，数学知识摆脱了一般感性事物，根据纯粹理性的型相展开自身，但是这种摆脱又不是彻底的，而是从感性事物中抽象出来的，不像理念一样自身就是真实不需要任何外在的途径。信念是关于可感事物的共同知觉，也就是形成共识的幻想。幻想则是每个人对于可感事物的印象或者想象。不难看出，四线段比喻指的是灵魂的类型：接近本原的与接近感官印象的。这些灵魂类型的区分也是人的群体的层级区分。洞穴中的人们就是生活在日常世界中的人们。他们中间的绝大部分人也像囚徒一样，只能看到感官的幻想与印象。这些印象转瞬即逝，但是却被当成了真实。更普遍的是，人们将幻想也当成了真实，并且当成了可以为之追求奋斗的最终目标。比幻想更进一步的就是信念。信念是幻想或者印象得到了大众的共同认同，这样就形成了客观的意见。意识形态意义上的意见开始形成，这种形式上的意见就不仅仅是个人的意见，它开始具有外在的强制性力量，对于生活在群体内部的所有人开始具有一种排斥性的认识权威的权力。柏拉图在《蒂迈欧篇》中也将自然哲学作为信念来对待。我们不难看出，自然哲学处理的也是具有普遍性的感官对象。在知识的清晰性层级上仍然没有摆脱感性的范畴。按照理性的直观能力，自然哲学属于我们现在的自然科学或者经验科学的范围。在自然科学占第一位的情况之下，现代教育的内容发生了根本性转变。这一转变也使得教育的品质发生了变化，也就是由原先追求灵魂的最高自由（也就是直观真理的要求）下降到在感官知识范畴内的展开。更不用提古代的自然哲学本身是比现代经验科学更为抽象或者说普遍性、清晰度更高的学问。学问的品质决定了灵魂的清晰程度，在柏拉图知识类型的学说里我们可以得到这个基本的教育原则。只注重一种教育而忽略了另外一种都是不正确的。我们这个科学技术时代的最大问题或许就在于把古典哲人认为的灵魂的最低层级的知识当成了最高层级的知识进行传授，更不用说这种知识还远远达不到自然哲学的程度。

柏拉图的信念概念还提醒我们：尽管印象或者想象经过大众的共识形成了所谓“普遍共识”，具备了意识形态的权力或者权威，但它也仅仅是感官印象的提高，在知识品类上，仍旧属于感官知识，并不可靠。也就是说，“共识”这个现代最大的普世性在柏拉图那里并不见得是高贵的，相反这个共识仅仅来自印象与幻想，并不值得凭靠。柏拉图的知识类型的分类可以使得我们获得一个机会来反省我们现代教育的根本问题出在什么地方。在现代教育的知识类型的品质上，我们把古典哲学中确定的最低层级知识当成了最高层级的知识，并且这种信念一旦形成就会以自身的权力判处任何一个走出洞穴试图说出真相的人死刑。由此也可以看出，教育的内容也是一个政治哲学的问题。这个问题就是现在民主问题的核心问题：到底凭靠大众的共识还是少数人走出洞穴看到的真相。这正是柏拉图在下文要处理的问题。我们且接着看柏拉图的哲人是如何诞生的。

在说清了前两种知识类型之后，柏拉图开始讲解数学型相与理念。为什么洞穴中会有人不满足于感官印象而走向理念呢？为什么人的灵魂会产生这样的飞跃呢？柏拉图仍旧使用神话说明这个问题。这个比喻就是有名的“学习即回忆”说。柏拉图说，灵魂本来居住在天界跟众神与宙斯在一起。在一次赴宴的途中，灵魂乘坐的马车由劣马所拉，驭手也不能很好地控制车辆，导致马车翻掉，灵魂坠落到了人间，它折断了翅膀，不能再往天界飞升，只能在肉体中寓居。灵魂在坠落的过程中受到了重创已经不能完全记得起天界的生活，但是会在偶尔的时刻回忆起天界的时光，或者经过训练，灵魂才能回忆起天界。在柏拉图看来，直观理念本身就是由于灵魂能够回忆起前世的生活、能够直观善的理念本身。柏拉图在《美诺篇》中曾经做过一个实验，以证明学习就是回忆。通过苏格拉底，他教一个没有受过教育的小奴隶一些数学知识。通过苏格拉底的启发，小奴隶准确地掌握了这些数学知识。怎么解释这种现象呢？人为什么能够认识既不是经验的又不是印象给予的知识呢？柏拉图认为学习就是回忆起原本已在灵魂中存在的先天知识型相。这个学说也导致柏拉图另外一个著名学说“学习哲学就是学习死亡”。哲学知识意味着摆脱感官知识，灵魂可以直观先天的神界的理念。而灵魂由于居住在肉体之内，肉体不断地干扰灵魂的转向。因此，最纯粹的观看只能是摆脱肉体的时刻，也就是死亡的时刻。所以对于哲学家来讲，死亡的时刻不是消亡的时刻，而是真正开始灵魂转向、摆脱肉体的禁锢自由地返回神界的开始。所以，追求哲学知识就是不断地净化灵魂、脱离肉体控制的“死亡训练”。哲学家面对死亡不是大众的悲悲切切，而是“悲欣交集”。我们可以再一次看到，在柏拉图那里，哲学教育或者真正的教育是指灵魂的训练，最终灵魂能够获得自身的自由。这种灵魂的训练在古典哲人那里才是真正的教育，或者叫整全的教育。这种灵魂的训练术恰恰被我们现代的教育所忽视了。工商业成为统治性生产力模式之后，把人培养成工商业所需要的各个行业的专门技术人才成为第一位的，这也是我们大学教育理念的重要方向。而在这种教育模式中，能够记得起灵魂训练或者灵魂修炼的学科只能在为数不多的基础学科里找到影子，更不用说这几个学科还被现代学科分为互相分隔的几个部分。对于灵魂训练的重视与否也成为古典教育与现代教育的重大区别之一。

灵魂具备转向的能力。洞穴中少数人经过训练能够扭头看到火堆。看到火堆的第一个反应是痛苦，因为眼睛已经习惯看黑暗的影子，一旦看到光明的东西就会觉得痛苦，但是经过一段时间的适应便会习惯。这些知识形态就是数学型相与理念。数学型相介于感性知识与理性知识之间。数学的概念虽然涉及的是事物的数目与形状，但是必须借助感性对象才能获得这些抽象出来的概念。而且，数学的推理是对前一个定理的假定之后才能推出的，所以数学在柏拉图看来仍然建立在假设之上。在这些意义上，数学知识只是比较低级的知识。而最高级的知识只能是彻底脱离了感官的纯粹理智的直观获得的理念。而达到理念的办法只有一个就是通过辩证法的训练。这正是哲学所做的工作。讲到这里，哲人的养成或者哲人的灵魂训练术才完成了。哲人的训练过程或者教育过程能够清楚让我们意识到整全的教育所包含的内容。古典教育观并不是把教育单独拿出来作为一门技术加以处理，而是将教育放置到整全的体系中，放到灵魂训练术之中，加以考虑。而灵魂训练术仅仅是哲人成长的第一个阶段，哲人成长的第二个阶段就是洞穴比喻的第二部分内容。

哲人完成自身的灵魂训练术之后怎么办？我们可以看到在这个问题上柏拉图与他的弟子亚里士多德有着截然不同的回答。亚里士多德认为最美好的生活就是静观的生活。也就是，亚里士多德沉浸在哲人的静观之中，享受着理念的善与美。而对于柏拉图来讲，哲人在完成了灵魂训练或者看到火光，并进而走出洞穴之后，并没有完成他的任务。洞穴比喻的第二部分中，部分囚徒意识到了他们观看到的仅仅是反映在洞壁上的倒影，这些影子仅仅是自然物的反映。这些自然物就是在知识四线段说中的信念。当哲人慢慢从洞穴中出来，通过灵魂的转向与训练看到最高的善——太阳之后，他们怎么办呢？这个问题是一个重大的转折点，在这一点上不同的哲人给出的不同回答决定了他们哲学的品质。首先我们看：哲人是否能够永远一直盯着太阳呢？柏拉图的回答是不能。一直盯着太阳会让这人变瞎。这意味着，对于哲人来讲，只沉迷于静观或者哲学的迷狂之中，哲人是没有出路的，哲人会把自身毁灭掉。在《斐多篇》中，柏拉图通过苏格拉底讲述了自己的“第二次远航”。“第二次远航”指的是苏格拉底一开始致力于自然哲学的追寻，但是他意识到沉浸在自然哲学或者沉浸在哲人个体的思辨中的危险：直接盯着太阳最终会伤害自己的眼睛。这意味着哲人如果只沉浸在思辨之中，自身的思辨会变得封闭而且死亡，因此，对哲人来讲，只能重新回到洞穴。从纯粹的思辨中走回到洞穴，也就是走回到城邦与人世间，只有这样，才算是完整的哲人的阶段。在柏拉图看来，只有走出洞穴的阶段还不是完整的哲人，只能算是为了后一阶段所做的准备，哲人走回洞穴才算是完成了完整的哲人训练。整个洞穴比喻的重点除了走出洞穴、追求真理与善、划出知识类型上的区分，还在于后半部分：哲人需要重新回到洞穴，也就意味着成为政治哲人。

成为政治哲人是在前面知识类型的区分上完成的，所以政治哲人应该知道大部分人的知识形态是怎么样的，除此之外，古典政治哲人还应该懂得如何修辞、如何通过诗术去与大众沟通，同时也懂得如何通过隐微写作来保护自己。哲人返回洞穴之后应该如何面对那些只观看到影像的囚徒呢？面对这个问题的不同回答是古典哲人与现代哲人的根本差别之一，也是造成教育哲学基础转换的重要问题。柏拉图看到，当哲人从洞穴外面回到洞穴之中时，当他直接向囚徒讲述他看到的洞外景象之时，囚徒的第一反应是不相信，并且嘲笑哲人，认为哲人自己弄坏了眼睛，已经看不清洞穴内的影像，不如他们有智慧。哲人如果不断的争论这个问题，就会激起囚徒的众怒，最终被告上法庭，判处死刑。而罪名正是：蛊惑囚徒不相信他们的神，也就是不相信他们的幻想与影像。由此可以看到：哲人与大众之间的关系天然地是政治关系。这也是为什么柏拉图《理想国》最重要的部分是讨论教育问题的原因。教育是大众与哲人之间关系的呈现。现代哲人相信通过启蒙能够实现理想城邦的建立，古典哲人则宁愿相信，只能通过诗术来进行逐步的教化。对这个问题的看法决定了给大众提供什么样的教育以及什么样的教育内容才真正是合适的。启蒙哲人相信，每个人天赋都是平等的，因此每个人都可以直接地像受过训练的哲人那样直接获得真理。启蒙哲人的观点就是现代教育的基础，他们相信可以通过平等的教育抹消灵魂的差异，建立一个现代哲人的理想国。在柏拉图那里，显然柏拉图不认为这种平等是可以轻易建立起来的。即使真的有可能建立平等的、灵魂上没有差异的理想国，那么方法也只能是通过精心选择的教育，也就是诗术。正是对于诗学的了解，柏拉图的苏格拉底才更倾向于以诗教的方式处理大众与哲人之间的关系，也就是逐步地向大众传播观看真理的方式，并逐步地使之转向。可以说，教育哲学的根本问题都与政治哲学以及第一哲学问题息息相关。在柏拉图的《理想国》中，“我们可以看到，由教育与工作、理论与实践的统一而构成了生命进程中的内在联系：即使最高贵最珍惜的东西也有其确定的位置，即使最孤独的人也被迫返回去为共同体服务。”[1]

在了解了洞穴比喻之后，我们就能够清楚的看到：第一，在柏拉图那里哲人的灵魂修行术的完整程序中，自然哲学或者纯粹思辨仅仅是准备阶段，哲人需要重新回到城邦之中成为政治哲人；第二，洞穴比喻讲述的知识等级问题最终是城邦中哲人与大众之间的关系的问题，也就是政治哲学的基本问题，是一个哲人如何教育大众或者一个城邦中教育的原则由谁来制定的问题。我们探索柏拉图哲学对于教育哲学的影响，对我们有益的帮助就是：第一，柏拉图的整全的教育原则使我们意识到在古人那里只有灵魂转向的教育才有资格称之为教育；第二，教育问题成为整个柏拉图哲学的核心是因为教育哲学处理的不是别的问题而是哲人与大众之间的关系问题，也就是如何建立一个公正的“理想国”的问题。

第二节　现代教育哲学的近代政治思想史背景

如果说现代教育哲学的基础来自笛卡尔以来的西方哲学基础

1［美］克吕格：《王制要义》，张映伟译，华夏出版社 2006 年版，第 139 页。

的现代性转变的话，那么西方教育哲学的现代性还与另外一个维度的思想变迁息息相关。这个维度就是西方近代政治思想的历史，特别是如果我们不厘清西方文明从中世纪到文艺复兴、古今之争、启蒙运动、浪漫主义运动之间的历史脉络的话，我们对于已经习以为常的当代流行观念就缺少基本的历史观照的能力与眼界，更加容易掉入绝对主义的视界之内，看不到这些观念的历史来源以及他们各自的谱系。对于西方文明的政治思想史梳理也是当下中国人的一项不可避免的任务，既具有理论意义也具有现实意义。

笛卡尔的哲学使得西方哲学重新发现了新的地基，这个新的地基就是主体性。这种主观与客观的二分构成近代哲学的基本叙述策略，这种二分也是哲学之下的其他次级学科的基础。不管是政治哲学还是教育哲学，都奠基在主体性这个确定性之上。在政治哲学历史中我们可以看到，以个体主义、单个的个人为基础的国家观开始建立起来。围绕着国家如何起源的问题，我们看到保守派的托马斯主义与以威廉·奥卡姆为代表的立宪主义之间的对立。这种对立的直接后果就是对国家性质问题的截然不同的理解，正是以个体建立的历史起源理论，使得一种契约意义上的国家观得以成型，并慢慢占据了意识形态的主流，而随之而来就是整个国家概念的世俗化与现代化。现代国家概念的形成与整个哲学话语的基础转变是离不开的。从这个角度我们能够看到，哲学话语决定了思想历史，思想的历史奠基了历史的演变。从学科的逻辑继续往下梳理，就是教育哲学的现代化转变如何可能。这里首先要解决的问题就是政治哲学与教育哲学之间的关系问题。这一问题也构成理解现代教育哲学的基础。一方面，我们可以看到个体主义的叙述模式也构成现在我们描述教育心理、教育过程以及教育目标的统治性模式。这个影响可以说是建立在哲学的现代化之后的效果。另一方面，我们也应该看到，在教育哲学中，很多时候决定教育哲学的研究内容与边界的实际上是政治哲学话语。应该教给个体什么内容、个体应该具备什么样的德性，是与整个政治哲学对于理想社会的设计息息相关的。我们越是梳理政治哲学的历史，越是近距离地观察西方近代政治思想的变迁，我们就越清晰地看到，教育哲学仍然被政治哲学的范围所设定。一个显明的例子就是卢梭，他为了落实其共和设计，最终不能避免需要进行公民宗教的教育。在卢梭的设计中，存在着一个不可避免的悖论：革命者起初打倒一个神学意识形态，但在最终设计的共和体系中，为了培育遵从契约的公民，必须培育一种新的宗教形态。这种新的神话就是公民宗教。我们可以看出，在卢梭的设计中，教育问题是整个政治方案设计的基础。而教育的内容与方向又是被他的共和设计规定的。不应该否认，教育哲学问题的复杂性不能简单归约到政治哲学层面，但是也不能不承认两个层面的互动实际上规定了教育哲学的主要方向与内容。这也是为什么我们在进入现代教育的考察之前，首先要搞清楚教育哲学与政治哲学、教育哲学与第一哲学之间关系的原因。这个问题会在具体的语境中加以交代。

限于篇幅，我们不能详尽展开考察西方近代政治思想的历史，我们只能简略地谈一下基本线索，这样提供一个前现代的基本图景来展开我们下文的研究。通过政治思想的前现代的准备，我们可以看到现代性转型与成熟的动因。实际上，我们可以看到，基本的现代的叙述模式都已经包含在中世纪后期的神学话语中了。下文我们将简单梳理一下历史线索，并以几个基本概念为例说明这些政治思想的基本概念是如何影响现代教育的展开的。

一、文艺复兴时期

首先我们看一下文艺复兴时期的主要变化以及与教育哲学相关的问题。实际上我们可以说，文艺复兴时期的主要代表人物首先提出来的问题就是教育问题。“13 世纪初期的阿雷佐和帕多瓦开始的一个恰如其分可以被称为‘人文主义者’的文学运动——这个运动的根源是修辞学的教学以及越来越致力于研究和模仿古典历史、诗和道德哲学的情况。”[1] 中世纪末期，越来越多的古典时期的手稿被发现，逐步得到重视，除了有亚里士多德，更多则是像西塞罗这样的古罗马作家。通过对这些藏于修道院之中的古典著作的重新发现与阅读，人文主义者逐步对古典世界采取了新的态度。这种新的态度主要是针对传统的基督教神学世界来说的。这里我们要强调的是，不能简单地认为，文艺复兴或者意大利的人文主义者只是一种古代希腊罗马文明的恢复。实际上，我们能够看到，历史上几乎不存在一种已经消亡的文明通过另外一个躯体得到复活的案例。文艺复兴也不是简单的古代文明的复兴。文艺复兴的古典实际上与真正的古典有着重大的差别，而这些差别正是造成现代性起源的重要裂缝。通过这些裂缝，现代性的根芽才

---

1 [英] 昆廷·斯金纳:《近代政治思想的基础》(上)，奚瑞森译，译林出版社 2011 年版，第 140 页。

慢慢成长起来。而这些裂缝首先来自教育问题。正是通过教育方式与内容的革新，人文主义者获得向中世纪神学政制基础开炮的机会。通过考察文艺复兴时期教育变革在历史进程中的基础作用，我们就可以认识教育问题如何与更为基础的政制问题联系起来的。

意大利的人文主义者首先发动的革命在修辞学与哲学领域。以人文主义者的代表彼得拉克为例，他首先反对以经院哲学的内容来框范古罗马时期的古典著作。他坚持人文主义者的主张：恢复西塞罗主张的以修辞学与哲学为基础的教育。文艺复兴是从教育问题开始的，而如我们将要在下文看到的，文艺复兴最终导致的是与古典的彻底断绝以及现代性的诞生，而并非文艺复兴代表了古典的复苏。彼特拉克之所以强调恢复哲学与古典修辞学在教育中的基础地位，是因为他认为这两个学科关乎如何培养人的"美德"。"美德"可以作为我们了解人文主义者革命性改变的核心概念。我们首先要看到，人文主义者强调的美德与经院哲学特别是从奥古斯丁开始树立的正统观念是直接相对的。奥古斯丁在《上帝之城》中认为，追求美德或者追求全面杰出，是从一种幻觉开始的。这种幻觉就是我们认为通过我们的努力就能够达到这种追求。这种希望在奥古斯丁那里是虚幻的，因为德性与杰出只能归功于"上帝的恩典"。况且，由于人类的本质是有罪堕落的，即便通过个人的祈祷，上帝赐予了一定的美德，那么作为罪人的人类也不可能"达到完全正直的境地"。[1]这些说法被人文主义者彻底颠覆了。他们针锋相对地提出：人通过自己的力量实际上有能

1［英］昆廷·斯金纳：《近代政治思想的基础》（上），奚瑞森译，译林出版社 2011 年版，第 150 页。

力争取这些美德。致力于赞颂“人的美德与尊严”成为人文主义者的中心主题。这个争论的意义在于：以人为中心还是以超验的神为中心。人文主义者通过古典作家，提出了与神学正统观念正相矛盾的看法。这种革命性观点的影响，首先在教育观念，并进而影响到政制设计上。人文主义者的主要工作就是“第一个假设就是事实上人能够达到这种尽善尽美的地步；其次一个假设就是正确的教育过程对实现这个目标是必不可少的；最后一个假设就是这样一种教育内容的中心就是必须将修辞学和古代哲学结合起来进行研究。”[1] 为了实现人文主义者的设定，达成教育美德的效果，教育青年的具体细节也就是“应该学些什么以及学习的先后次序问题”，这必须当作最重要的问题。“教育能够让每一个人达成自身的完满”这一个我们现在都已经接受的命题在人文主义者那里开始提出并且提供了具体的实施内容。而这个内容的次序是：历史知识是第一位的，道德哲学是第二位的，修辞学是第三位的。(这里使人感兴趣的是：历史性恰恰是施特劳斯学派认为的所有现代性观念的首要原因与特点，而正是历史性会导致历史虚无主义。) 人文主义者主张的要害在于：这种对于人本身力量的信念恰恰是所有近代哲学以及近代观念的基础，而这个基础在意大利文艺复兴时期正式成为一种对抗性的力量开始出现。

这些观念必然带来与正统神学政制的对抗，首先就体现在教育方面。欧洲中世纪的教育方式类似于中国古代的教育。这种古代教育的基本特点就是强调教育内容的等级制。中世纪的正统教

1［英］昆廷·斯金纳：《近代政治思想的基础》(上)，奚瑞森译，译林出版社 2011 年版，第 144 页。

育设想两种教育制度：一种适合教育统治精英，一种适合给被统治的“技术人员”。这两种教育内容是根本不同的。这种区分的理论基础在于：灵魂的等级制——不是所有人都适合于受到最高等级的教育（也就是哲学）。这种区分在古代世界从东方到西方几乎是一个共识。我们在柏拉图的《理想国》中看到灵魂德性的等级，在中国古代，学分内外几乎是一个常识，而这个常识在我们的时代被认为是奇谈怪论。其原因就是我们是人文主义者的直接传人：我们都相信人通过自己的努力可以达到自身的完善。由这个信念直接推导出来的后果就是：人人平等、人人皆可成圣贤。这些观念除了直接在教育思想方面导致颠覆性的后果外，在政治领域的影响也甚为深远。这个深远首先是从“命运与美德”的关系说起的。既然人人都可以通过自身的努力来达成自身的完满与德性。那么，命运必然就是可以被我们的美德所改变，就没有什么阻碍是不能克服的。这种信念也是革命意识形态的直接基础，使人对于革命产生前所未有的信心。人文主义者总是乐于声称，人是可以通过发挥他们的道德力量来战胜命运女神的。“对人的创造力的强调成为文艺复兴时期人文主义者不仅是最具特色也是最有影响的理论之一。”[1] 通过对于人文主义者观点的考察，我们发现他们导致的是对于神性维度的祛除、人的力量的信仰，以及随之而来的所有现代性观念：人人平等、革命以及世俗化。而这些观点首先通过教育内容的革新来达成，最后又通过教育来对抗旧有的政制以维护自身。

1［英］昆廷·斯金纳：《近代政治思想的基础》（上），奚瑞森译，译林出版社 2011 年版，第 161 页。

由此我们可以看到，文艺复兴根本不是复兴古希腊罗马的经典（人文主义者的观点明显是与柏拉图、亚里士多德的观点相矛盾的），而是通过这些经典宣扬一种新的世界图像。这种新的世界图像是通过教育革命来实现的。人文主义者也是首先通过对于传统教育的反抗，其主张开始生长发展，并最终成为现代性观念的重要源头。如果说人文主义者通过对于美德的坚持还保留了一点古典的影子的话，那么从马基雅维利开始，美德也被公开抛弃了。当然马基雅维利并不是如传说中的那样毫无德性，而是从他开始，现代性的步伐又被推进了一步。

二、人文主义与马基雅维利

文艺复兴时期的人文主义者除了思考美德主题之外，还热衷于给当时各个邦国的领袖写关于治国术以及领导人德性的建言。人文主义者在思考美德问题的时候明显地也在考虑治国者的德性与民众的德性是不同的。要建立一个持久的、强盛的城邦，他们又各自需要什么样的德性也是人文主义者一直考虑的问题。传统的人文主义者认为，一个城邦强大首先需要的是好运，也就是命运女神的眷顾。而只有具有男子气的领导者也就是有德性的人，才会获得女神的青睐。关于命运女神与德性之间关系的故事模式有多个，各个时期较多地被认可的也意味着这个时期时代精神的自我意识的程度。

马基雅维利也是从人文主义背景中成长起来的，不过，在关于治国者的德性问题上，他作出的判断使得他成为革命式的人物。

与那个时代的人一样，马基雅维利也坚持认为，拥有德性是君主成功的关键。而德性是这样一种品质："它帮助君主抵抗时运女神的打击，争取她的青睐，从而登上君主声名的顶峰，为自己赢得名誉和荣耀，为政权赢得稳固。"[1]这一点与传统人文主义者并没有什么不同，但是在《君主论》中，他通过自己多年的外交生涯观察到的经验，与传统人文主义者关于美德的说法分裂开了。一个君主应该具备什么样的德性？这个问题不仅仅是中国古代政治哲学一直在思考的问题，也是马基雅维利时代的政治哲学主题之一。这一问题首先意味着马基雅维利时代的圣人之道又是什么呢？马基雅维利对于城邦或者人的判断无疑是坚持人性恶的假设。每个人都试图利益最大化，每个人都试图通过以损害公共利益的方式获得私人小团体的利益，而这个矛盾是马基雅维利考察历史时发现使得伟大城邦崩溃的最直接原因。而且，每一个城邦又处在时时刻刻想通过消灭其他城邦获得自身崛起的城邦中间，因此只有通过强大自身才能避免悲惨的命运。在马基雅维利看来，每一个城邦伟大的原因首先是具备初始的好运。初始的好运就是城邦有一个伟大的建国者，依仗这样一位在世伟人的德性建立自己良好的体制，"因为建立一个共和国或者君主国永远不能指望民众的德性，因为他们的意见过于庞杂，永远不适合组成一个政府。所以，创立共和国的重任只能由一个人承担。"[2]但是问题是，"任何寄希望于一人德性的政体都有一个必然的弱点，那就是'其人一死，德性遂灭，后世子孙极少能企及先祖的高度。'因此，不如拥有一位

1［英］昆廷·斯金纳：《马基雅维利》，译林出版社 2014 年版，第 39 页。
2［英］昆廷·斯金纳：《马基雅维利》，译林出版社 2014 年版，第 61 页。

善于设计制度的领袖，以确保国家未来的命运能够转而依靠民众的德性。治国术最深的秘密就是知道如何实现这一个目标。”[1] 这样，在马基雅维利的思考范围之内，我们能看到君主德性以及民众德性的不同。君主德性，正如上文所说，马基雅维利不同意传统人文主义者的说辞，他认为，“明智君主的第一原则就是形势所迫，如果他希望保持权力，就应该永远准备在必要时做违反道德的事情”[2]，“成功的治国术在于承认时势的力量，接受形势所迫之事，让自己的行为与时代相适应”。[3] 所以，在马基雅维利看来，君主的德性恰恰描述的不是传统的美德内容，而是“君主不受道德约束的这种必要品质，‘他必须根据时运的风向和形势的起伏随时改变自己的行为。’”[4] 这样，在马基雅维利看来，君主的治国术不仅仅应该具备一般的类似勇敢、正义的美德，更应该学会如何散布烟幕，如何迷惑人心让他们不知道真伪，“明智的君主不应该在意自己是否因为恶德而落的恶名，没有恶德，他将很难保持权力”。[5] 马基雅维利也许并不是第一个意识到这个问题的，但是他至少是这样正式说出来的第一人。这个第一使得他成了无所不用其极的恶名的代名词，让人避之唯恐不及。由此观之，马基雅维利至少在两个方面与古典时代的哲人有所不同。其一，古典哲人也许知道，但是不说出来。这使得以马基雅维利为代表的现代哲人不具有古典哲人节制的美德。其二，叙说的模式使得马基雅维利只能在实用

1［英］昆廷·斯金纳:《马基雅维利》，译林出版社 2014 年版，第 61 页。
2［英］昆廷·斯金纳:《马基雅维利》，译林出版社 2014 年版，第 55 页。
3［英］昆廷·斯金纳:《马基雅维利》，译林出版社 2014 年版，第 42 页。
4［英］昆廷·斯金纳:《马基雅维利》，译林出版社 2014 年版，第 43 页。
5［英］昆廷·斯金纳:《马基雅维利》，译林出版社 2014 年版，第 50 页。

的层次上考虑问题，而不是在更为深广的层次上。庄子也讲齐物论，老子也讲“受天下之垢者为天下主。”但同马基雅维利讲述的方式有天壤之别。马基雅维利的问题就在于开创了这样一种讲述模式，并使得这种讲述模式成为一种庸俗实用主义的理论基础。

在讨论完君主的德性问题之后，马基雅维利继续关注民众的德性。马基雅维利认为，一个伟大的城邦之所以出现是因为有好的时运与德性。除了君主具备相应的德性，民众也应该具备相应的德性。这些德性主要就是努力增加公共利益而不是私人利益，为了祖国奋斗而不是为了后代。城邦的朽坏就是因为在“富人与穷人”这个对立中，任何一方不顾公共利益而只顾自己利益。要不偏向富人的寡头统治，要不偏向穷人的群氓政治与无政府主义。如何避免这两种极端就是一个城邦如何防止自身溃败的重要任务。这个任务具体化为：如何在天然没有德性的公民中培育出德性？个人德性的培育又如何为城邦实现共同理想而服务呢？我们在这里看到政治哲学与教育哲学根本上的一致。教育哲学实际上是在这样的政治哲学问题背景之下才被设置出来的。对于这些问题的回答，直接决定了教育的位置、什么是教育以及教育的内容如何被决定。马基雅维利的方案让我们可能会觉得惊讶：他认为任何一个伟大城邦具备的第一要素是宗教。将德性灌注到民众中的最佳手段就是宗教。古罗马人就已经懂得，“若想维持一个文明共同体”，国家宗教绝对必要。而恰恰是这个重要的元素被现代世界遗忘，或者更糟糕的，在马基雅维利看来，基督教成为了国家宗教，因为基督教只能让城邦不断弱化。第二种手段，马基雅维利认为，就是通过立法以及教育的手段。伟大的立法者就是知道如何通过立法促进城邦强盛的人。教育以及立法就是为了防止任何一种毁坏城邦行为，并使得民众具备促进城邦强大的德性。在马基雅维利看来，三种传统政制（民主制、君主制以及贵族制）都不能摆脱溃败的命运循环，只有一种混合政制才能摆脱这些历史循环。而混合政制的关键在于民众与君主都具备相关的德性。在马基雅维利的规划之中，我们清楚地看到政治哲学与教育哲学之间根基上的互相纠缠。这种密切的关系，我们同样也在后面的考察之中能够清楚地看到。对于美德或者德性问题，马基雅维利同样清晰地认知到在建构一个城邦中的巨大作用，他恶名的来源实际上主要来自在谈到治国术的时候，对于治国者德性的论述。马基雅维利同样认识到，“最危险的情况就是意识不到德性在政治领域，而且在军事领域也是至关重要的品质。”[1] 特别是在军队的建设中，必须通过教育使得军人具备无私为国的奉献精神，没有这种精神一个国家最重要的军事力量将不会起到帮助国家的重大作用。

通过上面的论述，我们能够看到马基雅维利在什么意义上是革命性的。他创造的叙述方式虽然讲出了一部分真理，但是这种叙述方式的流行使得实用主义成为一种标准，这种标准成为衡量的尺度之后将彻底驱逐人们对于美德的信念。虽然我们看到马基雅维利自己十分强调美德在政治领域以及军事领域的至关重要的作用，但是他的继承者们往往更愿意忘掉这一点，只谈论实用的一部分。马基雅维利另外一个重大问题就是他理论起源的基础在于人性恶的假设。这个假设使得所有的体制设计都是从这种基础

1［英］昆廷·斯金纳:《马基雅维利》，译林出版社 2014 年版，第 82 页。

出发的，从而我们看到，民主制的均质化状态跟这种理论预设是直接相关的。这也是保守主义者对于民主制的批评，不能在德性上提高人性，往往是把人性拉低到平均水平以下。从这两方面我们能够看出马基雅维利比人文主义者更进一步推进了现代性的进程。而在这个进程之中，教育问题与政治问题之间的关系也随之变化了。我们从这个意义上坚持认为，不考虑政治哲学，单纯地考虑教育哲学问题是不可能走到正确道路上的。

三、宗教改革时期

我们在进一步考察哲学史、政治思想史或者教育哲学史的时候，总是会被一些发现震惊。这些震惊使我们深切反省自身对于西方文明发展的既往知识。随着西方古典以及西方思想史研究的进一步积累，对于这些问题的认知相较以前有很大的提高。特别是随着简单的进步史观的破除，我们对于历史发生发展的认识、对于历史哲学以及教育哲学的基本问题的认识也进一步深入。通过对于西方思想史以及西方近代政治思想史的考察可以看到，现代教育是与整个西方思想的现代性进程保持一致的，特别是在第一哲学的地基发生改变之后，进一步具体地描述政治哲学对于整个理想社会的设计、对于人性本身的设定以及对什么是国家等问题的不同回答都厘定了现代教育概念以及现代性的教育哲学问题。可以说，考察现代教育哲学的展开离不开考察整个现代政治思想史，他们的现代化进程是一致的，并且互为因果。

文艺复兴不仅仅是一种人文主义的复兴，而是通过古希腊罗马文明的复兴使一种新的时代精神开始出现并发展，继之而来的是一系列西方文明史上的大事：古今之争、宗教改革、启蒙运动以及后来的浪漫主义运动。古今之争是贯穿于文艺复兴与宗教改革运动中的长期争论，争论的主题就是：到底是古人更高明还是今人？是古人对于世界以及德性的认知水平高还是今人？这实际上是继续争夺话语权，是现代话语还是古典话语更具真理性的问题。我们会看到这两条路线的争论实际上贯穿了西方文明的进程直到现在。西方文明的历史绝对不是单线发展起来的，更不是一路进步直到发明现代国家。哪怕是在现代国家的构建中，也保有古旧的因素以及抑制性力量。我们往往容易把西方历史想象成单线的进步图景，这样的想象非常容易误导我们对于历史以及现实的认知与判断。宗教改革实际上从根本上动摇了天主教神学政制。新教的基本原则我们可以看作文艺复兴时期对人的解放力量的进一步发挥，不过这种发挥还有宗教的外衣。直到启蒙运动，宗教外衣被彻底抛弃之后，彻底世俗化也同时意味着彻底属人的、祛神化的世界图景才开始占领主导地位。而这些图景的胜利意味着从根本上动摇了古典世界政制的基础，也是这些看起来新的话语，引起一波又一波的革命浪潮，世界历史也随之改变。但对这些现代话语的克制力量也从没有消失过。如果联系起来看，我们就能够发现现代性的理论方式以及基础命题是如何在旧的经院哲学中成长发展，并最终独立出来构成封闭公理系统的，进而这些公理系统又构成了时代精神的代表性表达。研究这段历史时刻提醒我们：不能陷入一种公理系统的封闭性中，不管它听起来多么美丽动人。通过历史背景的考察我们就能尽可能地复原该话语的语境，并描画出该话语的谱系与历史起源。这种历史性方法的最大好处就是避免将任何体系与定理绝对化，当然也如施特劳斯学派所指证的那样，历史主义是虚无主义的基础。限于本论文的主题，不能在所有主题上展开。这里也只能概要性地通过考察几个主要概念和问题对现代教育展开之前的历史准备作出一点描述。这些概念主要是国家、主权、契约论以及自然法等。

考察中世纪的思想史我们可以发现，一系列重大问题实际上都是从神学背景之中慢慢脱离或者抽象出来的。包括我们现在使用的世俗法的基本概念或者讨论政治哲学时使用的主要概念也都是从这个历史中慢慢抽离出来的。回复到这个原初的语境有利于我们看到这些概念生长的过程，并使得我们具备考察分析他们的能力。

自然法是一个我们讨论现代政治设计不能回避的概念。与启蒙运动时代的思想家不同，自然法刚开始出现的语境是多明我教派与圣方济各教派之间的长期争论。不考察他们的神学理论就很难理解这个词的出现。要理解现代权力理论的起源，除了了解罗马法的传统，中世纪神学内部的争论也必不可少。阿奎那的著述中，自然法是相对于神的律法而言的。在 16 世纪讨论法理学的专著中，法律的等级与基础是一个重要论题。而法律的等级被分为：永恒法、自然法、神的律法。[1] 与自然法相并行的还有其他种类的法，类似于罗马法中的公法与私法。而现代政治哲人对于这一点

1［英］昆廷·斯金纳：《近代政治思想的基础》（下），奚瑞森译，译林出版社 2011 年版，第 61 页。

虽然没有完全忘怀，但是他们的主要兴趣仍旧是脱离神学统治纯粹依照自然法去设计理想中的政制。对照历史的进程，现代性之为现代性的特点就会鲜明地呈现出来。世俗化或者说祛神化是现代性的一个显著特点。多明我修会主要针对圣方济各修会的苦修以及因贫困而纯洁的教义发动批判，他们的主要武器就是自然法概念。“显然阿奎那的自然所有权学说目标之一就是质疑使徒的贫洁式生活，这种修行方式正是多明我修会的最大对手方济各修会使用的。就使徒贫洁有过长久的争论，从 13 世纪后叶一直持续到 14 世纪中叶；这些争论的重要性在于中世纪后期的自然权利学说毋庸置疑地是从中发展而来的，进而成为直至 17 世纪早期权利理论家必须讨论的问题。”[1] 权利这个词是逐步登上历史舞台并最终成为建构现代国家的基础的。从神学争论中脱离出来，格劳秀斯可以被认为是第一个将权利作为基础构造其国家学说的政治思想家。而这种将国家概念建造在天赋权利之上的特点是现代哲人的普遍特点。“（格劳秀斯）是以各种权利作为中心的所有现代法典的真正的先驱。”[2] 格劳秀斯的理论是一个重要的节点，因为在他的理论中，权利作为一个更高级、更为基础的概念被慢慢使用了。这种语法的确认意味着：全新的建立在这个概念基础上的对于国家、社会、法律等重大问题的新的理论模式呼之欲出了。“格劳秀斯既是一位保守主义的权利理论家，在某种意义上，也是第一位激进

1［美］理查德 · 塔克：《自然权利诸理论》，杨利敏、朱圣刚译，吉林出版集团有限责任公司 2014 年版，第 20 页。

2［美］理查德 · 塔克：《自然权利诸理论》，杨利敏、朱圣刚译，吉林出版集团有限责任公司 2014 年版，第 97 页。

权利理论家”[1]，说他是保守的权利理论家指的是格劳秀斯在回答国家主权与民众主权之间的关系问题时采取的立场。既然大部分理论家认为，国家的基础是民众对自己权利的转让，那么民众有没有反抗暴政或者国家权力的权利呢？简单来讲就是民众有没有反抗的权利。对这个问题的不同回答成为区分不同思想家立场的一个重要特征。保守主义与自由主义有着不同的回答。而历史告诉我们：“中世纪权利理论家莫利纳、格劳秀斯、塞尔登及其追随者和霍布斯全部公开地支持奴隶制和绝对主义国家制度。更具自由主义的权利理论脱胎于这一保守的和威权的传统。”[2]格劳秀斯的保守主义一面是他主张：“国家有权利禁止对其他人无限使用的权利，否则就无法达到所提到的目标。因为如果随意的抵抗权利受到允许的话，那将不再成其为国家，而是一堆没有联合的乌合之众。”[3]我们可以看到格劳秀斯在政治思想史上的关键位置：他既有以自然权利为基础重构国家理论的一面，又与其他的从权利理论发展出来的自由主义者不同，有威权主义或者专制主义要求。这两个阵营或者两条路线实际上是西方近现代政治思想或者政治领域中的基本常态，在任何一个革命时期我们都不难发现两条路线之间的对抗，这一斗争一直延续到美国建国。而国家主权与民众主权之间的争论依然是构成我们现在主权理论、国家概念的最重

1［美］理查德·塔克：《自然权利诸理论》，杨利敏、朱圣刚译，吉林出版集团有限责任公司2014年版，第105页。

2［美］理查德·塔克：《自然权利诸理论》，杨利敏、朱圣刚译，吉林出版集团有限责任公司2014年版，第4页。

3［美］理查德·塔克：《自然权利诸理论》，杨利敏、朱圣刚译，吉林出版集团有限责任公司2014年版，第116页。

大问题之一。这些政治哲学的基本问题都有与“自然权利”概念类似的发展史，都是从神学问题中脱胎出来，慢慢成为独立的基础概念，并获得了最高的话语权。

路德与加尔文宗教改革的基本教义就是进一步伸张人文主义传统中个体的人自身的能力。“因信称义”建立的是一种直接的人与上帝之间的关系，不需任何中间环节。这种教义看起来是纯粹神学或者形而上学的问题，实则关涉整个政制的基础。这种教义以及推论危及的是天主教等级制的基础。最终，“既然政治并非一桩修修补补的事情，那么对于一件新衣服（新生政权）的制作就无需特殊的需要上帝指派的专门工匠（制作人）”。[1] 也就是说，宗教改革之后新教徒对于世俗政权的蔑视达到一种程度，这种程度足以支持任何叛乱与革命都是合法的。这也是我们理解其后不断的宗教战争与革命风潮的意识形态背景。这种因基本的教义而造成的对于传统政制的危害在中国文明史上也不少见，佛教的传入以及儒教心学都有这种危及政制的效果。

从 16 世纪开始，除了绝对主义或者说专制主义意识形态，民众主权或者人民主权的理论已经有了萌芽，这种对立也一直持续。宗教改革运动实际上是这两种主张在宗教外衣之下的一次对抗。一直到启蒙运动中以保守与革命为名的对立的出现。[2] 经院哲学内部实际上立宪主义话语的萌芽以威廉·奥卡姆为代表，坚持教会

1［美］列奥·施特劳斯：《政治哲学史》，李洪润等译，法律出版社 2009 年版，第 348 页。

2［英］昆廷·斯金纳：《近代政治思想的基础》(下)，奚瑞森译，译林出版社 2011 年版，第 122 页。

会议至上主义。他们坚持认为，教会最高统治权力掌握在信徒的代议机构——教会会议手中，教皇表面上的极大权力实际上是为了行政上的方便而赋予他的。立宪主义者提出的这个问题就是：君主的主权问题。与民众有没有反抗的权利一样，君主是否有义务遵守自己制定的成文法也是一个区分立场的基本问题。立宪主义者的回答就是“没有一个君主能够说法律上不受约束。”[1] 同时期反宗教改革的托马斯主义者不同意这个立场。而有意思的是，恰恰是反宗教改革的托马斯主义者开始将对于国家、社会的起源建立在自然状态与自然法的基础上。这里出现了另外一个重大问题：国家与社会的起源问题。对于起源的不同描述造成的是最高统治权与民众主权如何分割的重要依据。也是在这些起源理论中，我们现在熟悉的现代论述，关于契约论、天赋权利论以及世俗化的元素都已经具备了。极端的平民主义与极端的专制主义对于国家起源有不同的讲法。托马斯主义者坚持的自然法恰恰是“依据神自身以及神以其慈父般的天命先君主显示出的治国安邦之道。”[2] 而另外一种道路就是马基雅维利式的现代性话语，这种理论相信只凭靠人的理智就能够建立强大的国家，国家纯粹是一种工具。这两种不同的道路实际上是古今之争的文明路径之争。

加尔文教派更为激进的推进者是法国的胡格诺教派。在他们看来，反抗或者造反不仅仅是合理的，还是权利，更进一步是义

1［英］昆廷·斯金纳：《近代政治思想的基础》（下），奚瑞森译，译林出版社 2011 年版，第 143 页。

2［英］昆廷·斯金纳：《近代政治思想的基础》（下），奚瑞森译，译林出版社 2011 年版，第 183 页。

务。他们坚持认为，对任何在无权的情况之下僭越行事的人都可以合法的反抗，纵使他是国王。这种民众革命理论的进一步演变就是现代革命的意识形态的基础。“从依靠神的律法的圣约这个概念的纯宗教性反抗理论转移到真正的政治革命理论，这个理论依据的是契约的概念。它对反抗任何未能在一切公共行为中履行造福于民这个相应义务的统治者，造成了一种道义权利（而不仅仅是一种宗教责任）。”[1] 这里我们可以看到，革命的理论一开始都是在宗教内部为了维护宗教性真理而出现的，而一旦这个宗教背景被拿掉，那剩下的就是世俗世界的完整革命理论。而恰恰是契约概念出现在这个转变中的重要转折位置使我们认识到，任何一个话语的出现都不是一个简单理论事件，而是跟这个时代的重大转变息息相关。契约论的原初形式提醒我们，这些理论一开始都是在论争中出现的，针对具体的论敌，为了理论而理论的纯粹思辨毕竟不是多数。“关于反抗的现代理论是 16 世纪下半叶法国宗教战争时期胡格诺派首先十分明确地阐明的。然后这个理论又被荷兰的加尔文主义者所继承，此后进入英国，并开始成为 17 世纪 40 年代英国革命意识形态的重要部分。”[2] 洛克的民众主权论与革命权利论就是其中的一个继承者。

通过思想史的梳理，我们就能看到这些后来的革命理论是如何从经院哲学的论争中萌芽、独立出来的；现代的国家观念是如

1［英］昆廷·斯金纳：《近代政治思想的基础》（下），奚瑞森译，译林出版社 2011 年版，第 356 页。

2［英］昆廷·斯金纳：《近代政治思想的基础》（下），奚瑞森译，译林出版社 2011 年版，第 255 页。

何一步步诞生出来的。我们不难发现，在启蒙运动之前，现代的国家理论尚未完备但是其基础已经完成。只有了解了这些话语权力的历史，我们对于何为现代性、现代性的历史展开才会有基本的概念。而这些概念，从逻辑上与历史上，在他们的权力分配完成之后，就决定了其他次级学科的话语方式，这其中当然也包括教育哲学的基本话语。这也是我们为了理解现代教育不得不从更为基础的概念和历史入手的原因所在。

第三节　现代教育哲学的哲学背景

在经过文艺复兴、古今之争以及宗教改革之后，新时代精神的形态似乎要呼之欲出了，完成这一步的是笛卡尔。笛卡尔的哲学在思想史上起到了承上启下的作用，既总结了隐含着的主体性哲学又为下一步启蒙运动的开启作了理论准备。现代哲学的开端与奠基是笛卡尔的主体原则的建立。同样，这个原则作为第一哲学的基本原则也影响着政治哲学、教育哲学等次级领域。笛卡尔理论的叙述模式基本上奠定了科学话语的结构。科学话语正如技术时代的我们看到的，正是起到宰制性作用的话语方式。一些哲学家也认为，现代自然科学的开端也应该在笛卡尔那里，主客二分的理论模式也是从他那里开始的。

我们看看黑格尔这个现代哲学的集大成者是怎么评价笛卡尔的。黑格尔与笛卡尔之间的关系谱系又是如何的？黑格尔在《哲学史讲演录》中说："我们现在才真正讲到了新世界的哲学。这种哲学是从笛卡尔开始的。”[1]这里的关键词是：新世界。黑格尔无疑是非常正确的。从笛卡尔开始，一种脱离了旧有的经院哲学与传统古典世界哲学的新的可能性被建立起来。古今之争看起来今人派占了上风，笛卡尔本人与古典的关系也是一个佐证：“对他的（哲学）规划有着最深偏见的只能是那些对古代哲学素有研究的人。”[2]为了实现笛卡尔的启蒙，接受他的新世界，首先要做的就是跟这些古典世界的教导以及任何用古希腊文、拉丁文写作的古老传统断绝关系。因为这些写作败坏了前苏格拉底的哲学传统，让人的头脑接受的都是偏见或者未经省察的意见。笛卡尔的哲学让人整个地与人文主义传统和古典世界相对抗，而这种对抗恰恰是他开始的哲学革命，或者说新的意识形态革命的必然准备。当然，笛卡尔所做的还有一件工作就是将苏格拉底以及柏拉图的古典哲学重新解释，如何不与他的新第一原则相冲突。

这里隐藏着一个重大问题：现代哲人是如何通过重新解释古典传统来使得古典精神变为现代性精神的起源的呢？现代性精神这种借助于将自身的起源返回到古典获得了一种新的权威证明，而他们眼里的古典哲人恰恰是与所有的古典教导相矛盾的。我们现在熟悉的古典世界的形象实际上是经过现代哲人重新加工过的。为了获得“新世界”，笛卡尔警告我们必须与古代的传统保持对立，除此之外，还要有一种基本的准备——“怀疑”。没有比怀

1［德］黑格尔：《哲学史讲演录》（四），贺麟、王太庆译，商务印书馆2013年版，第65页。

2［美］列奥·施特劳斯：《政治哲学史》，李洪润等译，法律出版社2009年版，第436页。

疑更加与主体性原则相一致的了。笛卡尔对于怀疑的描述非常细致，他自身非常诚实地致力于寻找一种突破，在弃绝古典原则之后寻找新的出发点或者确定性开端是非常困难的，笛卡尔完成了这个难题。正是在这个意义上，他是近代哲学的开端。不过，"普遍的怀疑"作为哲人自身的训练是不成为问题的，而且这种方法作为入门是一种必需。但是如果哲人忘记了古典哲人的教诲，忘记了节制的德性，将这个原则普遍地作为方法进行教授之后就会产生一系列的政治哲学后果。但是在启蒙哲人看来，教人开始怀疑，教人开始摆脱一切偏见才是真正教育的开始。我们现在教育观念的基本原则实际上就是近代哲人确定下来的原则。而这个原则，如果我们了解了文艺复兴以来的思想史脉络就会看到此观念的继承性。"怀疑"的方法是启蒙主义的第一开端，这个原则与古典教育原则没有相同之处。怀疑的对象除了感官，还有就是意见，而意见恰恰是构成性的或者统治性的基础，因而也是国家的基础。这个怀疑原则，我们通过上文交代的近代政治思想史，可以明确地看到如何从意大利人文主义者开始强调人的力量，到宗教改革强调个人与上帝之间的直接关系，再到现代国家的人民主权观念逐步建立起来的历史脉络。而笛卡尔正是这个近代哲学第一原则的完成者。笛卡尔的怀疑论造成的革命性影响不仅仅是在哲学领域，也在政治领域。当然，在真正的历史中，笛卡尔的理路一直以来也存在反对者。

那么，接下来的问题是：笛卡尔允诺的"新世界"是什么样的世界？这个世界就是科学方法占主宰的世界。笛卡尔私下里对于弗兰西斯·培根推崇备至。他们都很乐观地去发明一个新的稳固的世界来代替神学的、偏见的世界。“这个替代品就是科学规划。借助于‘关于世界的科学神话’或者旨在对天空和地球、可见的宇宙和它的所有现象的起源作出科学解释的东西，他建立了科学是万物主宰的概念。同时借助于科学的进步能给人们带来无限好处的承诺，他和培根建立了‘进步’的观念，也即是这样的观念：好的东西在于将来，而不在于传统、自然或者上帝的功劳。”[1] 笛卡尔不仅仅是方法的开端还是现代性的奠基者。科学技术的统治地位、进步史观的流行、对于人的力量的自信以及对于自然的挥霍无度实际上都是这种现代性精神的产品。在这里我们看到，笛卡尔在呼吁民众抵制古典世界之后，悄悄地将新的君王摆上了王位，也就是科学与现代性方法。这个问题也是《启蒙的辩证法》中以霍克海默以及阿多诺等当代哲人深切反省的一个问题。启蒙最终需要另外一个迷信来完成自身初始设计的目标。然而，在笛卡尔时代，科学技术作为新世界的新奇感还没有消失，带来的巨大问题还没有出现，这也无怪乎大家都在欢呼这个新的君王了。尼采曾经深刻地意识到笛卡尔哲学不是别的，而是对于基督教神学的隐秘的颠覆，这个看法从权力意志的角度来讲是有自己的真理的。黑格尔在这个意义上也是哲学现代性的忠实继承者，他的集大成者的地位也是在哲学的现代性这个意义上来完成的。

我们接着看笛卡尔是如何完成自己工作的。对于笛卡尔来讲怀疑一切只是工作的开始，精神必定需要一个安定的地基或者出发点，这种怀疑仅仅是完成下一步的工具，不是终结。那么对于

1［美］列奥·施特劳斯：《政治哲学史》，李洪润等译，法律出版社 2009 年版，第 435 页。

笛卡尔来讲，应该止于何处呢？对这个问题的不同回答也是区分古典哲人与现代哲人的重要标志之一。现代哲人的现代性，或者说他们所皈依、所树立的最终合法性与确定性是截然不同于古典哲人的。这一点使得古典精神与现代精神以完全不同的方式展开自身，获得不同生存感性、不同道路以及不同时间感。这里最终的时代精神的地基被以笛卡尔为代表的现代哲人成功地挪移了。黑格尔说："自笛卡尔开始我们踏进了一种独立的哲学。这种哲学明白：它自己是独立地从理性而来的，自我意识是真理的主要环节。哲学在它自己的土地上与神学分了家，按照它自己的原则，把神学撇到完全另外一边。"[1] 这种独立的哲学就是与传统经院哲学原则完全分离的哲学。或者说，现代哲学在笛卡尔这里获得了它自己完满的自我意识。黑格尔在此处欢呼："在这里，我们可以说到了自己的家园，可以像一个在惊涛骇浪中长期漂泊之后的船夫一样，高呼'陆地'。笛卡尔是那些将一切从头做起的人们中间的一个。"[2] 黑格尔在此的感情溢于言表，我们可以说这完全是一种皈依的语调。不过作为现代世界展开的时代精神，黑格尔对笛卡尔的描述没有任何问题。现代性开始完全展开成为了"家园"，而漂泊的船夫，终于发现了脚踏的陆地。现代性精神的安顿方式是通过笛卡尔的方法寻得安身立命之处的。教育哲学的现代性原则同样统摄于这第一哲学原则之下。教育哲学的原则也是在此处获得了自身的家园。不了解这个家园的来历，我们就搞不清楚诸原则

---

1 2 [德] 黑格尔:《哲学史讲演录》(四)，贺麟、王太庆译，商务印书馆 2013 年版，第 66 页。

的谱系与来历，只能是山中看山。

笛卡尔克服怀疑、获得确定性或者获得他自己的“陆地”的方法是从“我思故我在”开始的。这个命题并不是一般地宣称一个思维方法，而是在笛卡尔彻底怀疑之后的残余之中，良知剩余的没有意向性污染的声音。这里的关键是“是 / 存在”的获取，也就是，思维自身确定性原则的获得。从这个确定出发，思维可以不受任何怀疑的困扰。这个原则的权威性首先建立在与怀疑一起的彻底怀疑之后，不能再往后递归了，精神不能获得比这个更基础的命题了。因此，这个命题的确定性与权威就在于怀疑的彻底性。这个命题中包含着两重的后果。首先，“我思”的提出使得反思的精神的反思范围被局限在我思之中，并且，更为重大的后果是任何知识合法性的获得以及现代的美感与感性都是在这个对我思的反省中获得的。这种知识的来源无疑比古典世界的知识来源要狭隘的多。这种知识方式几乎确定了现代性各个学科的基础，特别是在人文艺术领域。这使得后代知识人的反思视野首先而且最终被“我思”的视野包含。这种包含具有排他性，这也是为什么现代人阅读古典著作很难读进去的原因。现代文学艺术领域也是这个原则占有统治性地位。西方现代小说与艺术都致力于观测我思，将这种观测作为通向美感的通道。实际上现代感性的巨大问题就在于此。我们往往是在视界被决定的情况之下才开始去寻找。在这种情况之下，“美感”往往就是观测带来真理感。而所有文学艺术的根本目标被设计成“在细腻的背景下进行细腻的心理分析”，去不断地解构对象，寻找这些对象的谱系。而在这些寻找之中，作为观察者的自我完全丧失掉了。在此情况之下，现代审美意识根本不能提供基本的美丑的判断或者进行德性的培育。这个局面是由现代性精神的第一方法决定的。我们谈论教育哲学的时候，特别是在谈论审美教育的时候不能不认识到这一问题。这个问题也就是为什么古典作品能够培育人的品格而现代小说却可能带坏人的品格。理解当代教育哲学的基本问题，解决教育哲学中特别是美学中的重要问题，根本之处还是在于对于哲学现代性方法本身的反省。

笛卡尔方法的巨大问题在康德时期就已经完全显示出来。康德发现各个现代学科的建立不但没有有利于人的德性的培育，相反，所有现代学科几乎都是以败坏人的德性为代价。康德发现出现这一现象的原因与现代哲学的基本方法是息息相关的，他在《实践理性批判》中致力于解决这个问题。最终的解决办法就是划定一些假设，并禁止理性去追问这些问题，只能无条件接受下来。实际上这个解决办法是相当学院化的办法。在实际生活之中，追随现代哲学方法或者风行的科学统治地位的民众根本不可能从事这样的思辨分析。因为，政治生活是建立在意见之上的。黑格尔正确地发现笛卡尔为我们发现了新的家园，这个家园不同于古典家园，它也有自己的君王与空间。但是对于现代性问题的反省越来越多的今天，我们是否依然不自觉地跟随现代化的脚步呢？特别是对干我们中国人来讲，哪一条文明之路是属于我们的呢？我们的教育哲学在用现代化的方法去谈论现代的病症的时候，是否意识到我们开出的药方恰恰是造成疾病的原因呢？

其次，笛卡尔方法的第二个后果就是主体性哲学的建立。个体或者自我是从近代以来才获得在各个学科领域的单子化地位的。

也就是，自我或者主体本身作为最终实体的地位被各种话语接受下来。这个主体概念，在黑格尔那里被称为“最内在的东西、内在性原则”。这个语法改变的直接后果就是个体主义的或者以单个个体作为唯一叙述基础的模式被承认为唯一合法的叙述模式。这样的叙述模式成为我们这个时代，或者现代性的时代各个领域合法话语的标准。在政治哲学领域，个体主义为基础的国家观开始出现，建立在单个个体或者国家需要对每一个单个个体负责的理论开始流行。这样的基本后果就是每一个个体都可以要求国家对他有一种直接义务，并且自身有一种直接权利去要求国家。国家与个体之间的关系以及最高统治权与人民主权的图像模式就是建立在主体性假设基础之上的。这一点与古典世界的理论截然不同。不过我们仍然要问的是：真的有“我”吗？这个理论问题在古典理论或者佛教理论中的回答恰恰是相反的：只有丧失自我才能获得真理，才能获得德性。

当代德国哲学家海德格尔对于现代性的批判是希望对古希腊存在的问题加以恢复。依照海德格尔自身划定的存在历史观，现代化是西方形而上学消亡之后才出现的历史阶段。在《作为存在历史的形而上学》中，海德格尔考察了西方形而上学如何遗忘存在问题，从存在转到对于存在者的思考；从实现到现实性的思考；从基体转到对于主体的思考。这些转变就是现代性思想的形而上学基础。“如果说在现代形而上学的开端中要求有一个绝对的和不可动摇的基础，后者作为真实存在着符合于人类思维的确信意义上的真理之本质，那么在此就有一个一般主体受到了追问，后者在一切表象中，并且对于一切表象来讲总是已经呈现出来，并且在无可疑问的表象范围之内成为持续的和持立的东西。”[1] 海德格尔将现代哲学的开端对于主体的需求说得很清楚，这种需求是与方法的预先确立直接相关的：思维的确信。这种确信需要设定一个主体才能满足自身观审的需要。并且，预先设定的方法已然将真理之真理性确定下来：表象的符合。在海德格尔看来整个现代性思维的基本元素是这些。这些元素恰恰规定了现代性之为现代性："现代性不仅仅是一个新的时代，好似只是在时间的顺序中新旧交替一样……从已经完成的开端就意味着：新的秩序。”[2] 那么这个新的秩序的政治哲学后果是什么呢？在海德格尔中期也就是 1933 年他担任纳粹校长时期举办的一个研讨班记录中，海德格尔这样描述："自从中世纪的信条与义务解体之后，我们可以看到三方面的消解：1. 创世概念、教义——末世论系统的崩溃。人变成一个按照自身意志自我立法的存在，而这且必须通过自身来发现自身的存在。这也是笛卡尔寻求一个绝对确定基础的来源，而他通过‘我思故我在’寻找到了。人的存在被建立在理性，也就是数学理性之上，而这种理性将人提升到世界的决定力量的水平。2. 第二个消解是共同体的消解，个体的人成为最后的实体。3. 笛卡尔造成了将身体与心灵之间的对立的二元论。而主权概念伴随着这个过程发展出来。”[3] 这个被现代哲学的完成者黑格尔欢呼的“新世界”就是按照这个步骤来规划自己的世界的。对于现代性的批判成为

1 ［德］海德格尔：《尼采》，孙周兴译，商务印书馆 2002 年版，第 1069 页。

2 Martin Heidegger, *The Event*, Indiana University Press, 2012, p.79.

3 Martin Heidegger, *Nature*, *History*, *State*: *1933—1934*, Bloomsbury Academic, 2013, p.64.

当代西方哲学的一个主题就在于西方人已经意识到现代哲学带来的严重问题，并力图在现阶段上克服这些问题。不过我们还是能够看到许多对于现代性问题的反省与批判仍旧是在现代性哲学原则之内完成的。这样的批判不可能触及现代性的本质。即便是尼采、海德格尔对西方文明路径的反省在多大程度上仍旧是现代性的还是一个很大的问题。确定现代性之为现代性之后，才能仔细分辨出这些伟大哲学家体系内的现代性因素。海德格尔的批判给我们提供了迄今为止最为深刻的对于现代性历史的审查。我们的困难在于，我们现在习惯使用现代哲学的基本方法与原则，就像鼻子上的眼镜一样，我们已经习以为常。并且，正如维特根斯坦在《逻辑哲学论》中发现的那样：所有视野都是封闭的，都不可能对自身的边界产生反思。这就是说，要使对于现代性进行反思成为可能，必然要求我们首先脱离现代哲学的偏见，培养出别样的视野与眼光，具有了别样的感官之后，对于现代性的反思才能成为可能。

由此我们可以看到，笛卡尔奠基的现代哲学的开端是如何在普遍原则上改变了时代精神，并使得现代性的展开获得了自己的哲学信仰。这一展开不仅对西方文明也对世界文明产生了巨大的影响。我们在考虑中国文明的改造或者现代化的时候需要考虑到这个现代性的哲学基础的转变。没有对这个转变以及这个转变带来的时代精神边界条件转化的清醒认识，我们对现代化的认识难免会出现偏差。

现代教育哲学中的若干问题实际上也是在现代哲学完成基础准备之后，在其设定的逻辑范围之内完成的。这些现代教育哲学的基本原则就是：个体性原则、科学性原则、进步论原则等。包含在主体性原则之下的原则就是：平等主义原则、个体主义原则以及世俗化原则。当我们对现代教育问题有所反思的时候我们会发现，这些基本原则几乎都是现代政治哲学的原则，或者进一步说，这些原则都是从现代哲学的开端就被确定起来的。这也是为什么我们考察现代教育的时候必须回到第一哲学的原因。

笛卡尔哲学的奠基使得主体之主体性确立起来之后，最大程度地规定了科学话语合法性的条件，而对于人的描述也进入到这种话语之中。最典型的一个例子就是笛卡尔开始逐步取消灵魂这个词，而渐以激情代之。尤其是，笛卡尔使用善的激情、恶的激情的区分取消了古人激情与美德的区分。这种取消的合法性是由对于更为普遍的概念的发明获取的，这个更为普遍的概念就是“激情”。这种更为基本的主体的发明取消了传统美德话语的论述，也逐渐驱逐了灵魂等级以及灵魂修养的传统问题。这种叙述方式实际上就是现代心理学的基本策略。现代心理学依靠发明新的更为基础的实体或者主体来获得自身叙述的合法性。最为鲜明的例子就是弗洛伊德对于力比多的发明以及其后荣格等人的进一步发展。这种理论模式实际上是科学话语建立自身权威之后的具体展开，这种展开是不兼容其他话语方式的。而且最重要的问题是，这种现代性话语方式的展开无一不具有一种“更科学”“更文明”“更进步”的许诺。这种许诺使得传统的人对于自身德性的追求成为第二位甚至是可以被忽视的了。这是我们在接受现代性话语的时候必须保持清醒的一个问题。

笛卡尔哲学的怀疑原则也对现代教育哲学产生了巨大影响。

实际上，现代教育的第一原则已经不是培养人的德性而是培养人“独立思考的能力”。这样的主张初看起来没有问题，但细究起来会发现：如果现代性本质上就是虚无主义的，那么这种教育的结果又会带来什么？我们不能忘记在尼采看来，现代哲学不是别的，就是虚无主义历史的展开。“一旦一个哲学质疑公之于众，它就会侵蚀社会赖以生存的意见基础。而且，笛卡尔的哲学对于社会的基础性意见构成了史无前例的威胁，因为他的方法要求全面地取消所有那些缺乏数学确定性的意见。”[1] 由此我们看到，现代哲人的基本气质或者基本特质被确定下来了。不断的批判与不断的反思成为一个西西弗的神话，不断地导致虚无主义的后果。但是，这种现代性特质也造成了西方文明不断自我更新的动力。对这个问题，需要有一种历史哲学的视野。我们可以看到，一旦我们接受现代性观念对于教育的改造带来的后果会有哪些。笛卡尔的现代哲学实际上与革命的意识形态息息相关。我们可以看到，提供什么样的教育原则实际上跟国家的政制构想以及政制品质是有直接关系的。

与笛卡尔哲学原则息息相关的另外一个大问题就是启蒙的问题。笛卡尔的原则实际上包含着个体脱离于经院哲学之后的自我启蒙，也是一部现代哲人修行道路的指南。怀疑的原则实则是启蒙的原则，而启蒙的意识形态是统治当前教育哲学的意识形态。启蒙与反启蒙正是古今之争的当代形式。古代的启蒙与现代哲人的启蒙意义与内涵完全不同。我们只要看一下古代的启蒙读物以及现代的启蒙读物在内容上的区别就可以看出来。古代的启蒙读

1［美］列奥·施特劳斯：《政治哲学史》，李洪润等译，法律出版社 2009 年版，第 433 页。

物基本上都是关系到如何成人的，而成人意味着知道人与禽兽的区别，人应该怎么去实现自身的高贵。德性是古代启蒙的中心，礼法是古代启蒙的主要内容。而现代的启蒙读物是教人怎么“独立思考”的。这种局面与古今之争的局面一样，不能简单说谁能分出胜负，只能说这个历史僵局会持续下去。我们需要对这种僵局有认识，不然会落入一种立场里面而不自知。笛卡尔开启的现代哲学的启蒙导致的是“他们只追求他们道德和生活方式的自治式培养和保存。因而，启蒙意在达到一种潜在地具有世界规模并且第一个以哲学为源泉的普遍政治。”[1] 这也意味着，启蒙是现在所谓“普世”学说的哲学来源。笛卡尔之后的哲学史在这条线索上不断展开，直到黑格尔、康德等人明确将启蒙作为原则提出来，并且用这条原则规划哲学、教育与政制。德国浪漫主义运动也可以看成是对启蒙运动的反动。只有到了第二次世界大战之后，西方的所谓后现代哲人对启蒙带来的问题进行了集中的批判，并且试图寻找走出现代性的其他道路，但是这看上去并不乐观。考察思想史的意义就在于让我们清楚地看到一个观念的生长发展并最终占有权力的历史，让我们能够比较中立地描述这个观念的问题与历史意义。这也是我们在考察教育哲学诸观念的时候采取的基本方法。启蒙的观念可以说是当下教育哲学的核心问题，这不单单是一个教育的问题，而是提供一个什么样的政制基础的问题。培养什么样的人，培养内容是什么都与政治哲学合法性基础以及第一哲学造成的话语合法性基础直接相关。

1［美］列奥·施特劳斯:《政治哲学史》，李洪润等译，法律出版社 2009 年版，第 433 页。

第二章　启蒙精神与现代教育的初步展开

启蒙时期哲学家的教育思想印证了“教育问题归根结底就是哲学问题”这一基本论调，他们循着探求本然的人，通过教育使之成为符合政治社会需要的应然的人的进路构筑了现代教育学说的基础，忠实地体现了启蒙思想的基本原则。现代教育的基本理念、方法与改革方案都是循着启蒙运动造就的现代性转折节点而来，同时也配合着整个现代社会转型，作为政制设计的一个重要组成部分不断调节自身与整个政制设计达成一致。我们在考察现代政治话语的历史时可以看出，现代政治理性主义或者现代性的政治话语导源于启蒙运动。启蒙精神的一个显著特征就在于不再相信超验的领域，而求助于人类自身的手段与能力。自然法、契约论、人民主权等逐步在现代政治话语中取得统治权力。这种世俗化的进程是与整个国家目标的世俗化相一致的，也是与工具理性逐渐占有统治性地位相一致的。同时，现代哲人否认了古典理性传统中作为一切设计的目标与条件的至善目的，发明了新的指导条件，第一原理由神义论转变为人义论。这是政治权利话语的一次大转型，也是教育话语的转型条件。现代政治话语的形成直接影响了教育哲学话语的展开。

第一节　作为现代教育理论新基础的“本然的人”

从某种意义来讲，教育学说首先是一种人性学说，教育的价值首先在于使人成其为人。一切教育活动对其目的的探寻都是从询问“人的本质是什么?”这一问题开始的。启蒙时代的主流思想家期望通过教育改变个人进而改变国家和社会的命运，换言之，即是通过教育将本然的人培养成应然的人以适应政治社会发展的需要。“人的原初状态是什么?”成为了探索现代教育路向首先需要回答的问题。启蒙思想家通过理性的分析自然状态中的人及其拥有的自然权利，使这一问题的答案初见端倪。本节将随着历史的发展检视几位重要的现代哲人关于自然状态、自然法及自然状态中人的权利的思想，以致力于理解关于教育的现代话语是如何逐步成型的。

一、原子式个人与“投降的谈判”

霍布斯的哲学思想为现代政治哲学奠定了重要的理论基石。他的原子式个人的概念和“投降的谈判”深刻影响着现代教育的形成。

霍布斯的自然状态描述的是人与人之间原初的生存状态，在这种“前政治”的自然状态之中，只有不折不扣的权利，而没有不折不扣的义务[1]。凡能满足自己欲望的就是“善”，反之，妨碍欲望满足的则为“恶”。趋善避恶是人的本性，霍布斯认为自然状态中的人竭力保护自己的生命不仅不应被苛责，而且是正当正义的，“如果一个人尽全力去保护他的身体和生命免遭死亡，这既不是荒诞不经的，也不应受指责，也不是与正确的理性相悖的。可以说，不与正确的理性相悖，就是按照正义和权利去行事的。”[2]。在自然状态中，每个人还被允许对一切有天然的权利，可以拥有万物和做任何事情，但是实际上这种权利形同虚设，因为人人都能根据同样的权力宣称拥有同一物。不仅如此，这种权利还会造成人与人的对抗。人的欲望是永远不知满足的，在达到一个目标之后，总是希望达到下一个欲望的目标，“所以如此的原因在于，人类欲望的目的不是在一顷间享受一次就完了，而是要永远确保达到未来欲望的道路。因此，所有人的自愿行为和倾向便不但是要求得到满意的生活，而且要保证这种生活”[3]。如此一来，自然状态中争斗便永无休止。霍布斯还区分了人们追求权力的两种“激情”：一是自我保存的需要，二是征服他人的虚荣。大多数人追求权力只是为了自我保存，但还有一部分人追求的不仅是自己的安全，更要从征服他人的过程中获得权势和满足。也恰恰是这一少部分人的征服欲使得多数人出于自保也不得不争取更大的权力，“因为他不事多求就会连现有的权势以及取得美好生活的手段也保不住”[4]。“得其一思其二，死而后已，永无止休的权势

1 [美] 列奥·施特劳斯：《自然权利与历史》，彭刚译，三联书店 2003 年版，第 188 页。
2 [英] 霍布斯：《论公民》，应星、冯克利译，贵州人民出版社 2003 年版，第 7 页。
3 4 [英] 霍布斯：《利维坦》，黎思复、黎廷弼译，商务印书馆 1985 年版，第 72 页。

欲”[1]和自然的相对匮乏使得人与人之间充满猜忌、斗争。这一切最终导致自然状态中“一切人对一切人的战争”。自然状态中，每个人随时都面临着死亡的威胁，生活在持久的恐惧和危险之中，没有安全和幸福可言。这种状态与人的自我保全的愿望完全背道而驰。

霍布斯的自然状态理论是以他的人性论作为基础，基于对自然状态中的人的本性及权利的分析，进而探讨了自然状态造成的威胁和国家的起源。霍布斯也正是运用近代自然科学的发现，摧毁了传统自然权利论，第一次为现代精神提供了原子式“个人”的概念。在他的自然状态中的人具有如下显著特征：

第一，人与人之间是自然平等的。霍布斯所说的“平等”并非指人生而具有同等的身体和智力水平，而是一种自然能力上的平等。霍布斯认为个人的身体方面在先天禀赋上虽生而不平等，但通过弥补可以消除这些不平等，如体弱者可以密谋联合杀死最强者。智力方面，霍布斯则认为它不是先天的能力而是后天经验的习得，因此比体力更加平等。我们在现实中感受到的不平等主要是由后天的因素导致的，“所有的人天生彼此平等，我们现实中的不平等是被国法带进来的”[2]。霍布斯通过肯定自然状态中人的身心平等，进一步确证了人在进入国家状态之前是相互平等的，为现代公民的产生奠定了平等原则。

第二，“自我保存”是人最基本的自然权利。按霍布斯，自然权利实质上就是一种保全自己生命的自由，“每一个人按照自己所

1［英］霍布斯：《利维坦》，黎思复、黎廷弼译，商务印书馆 1985 年版，第 72 页。
2［英］霍布斯：《论公民》，应星、冯克利译，贵州人民出版社 2003 年版，第 3 页。

愿意的方式运用自己的力量保全自己的天性——也就是保全自己的生命——的自由”[1]。自然状态中，拥有自然权利的个人是自由的。这种自由不仅是一种意志自由，更是一种行为自由，人人都能选择其认为适合的手段做其想做的任何事情，不受律法或理性的约束，这是一种原初的自由状态。正因如此，霍布斯被认为其“自由主义哲学比多数自称为自由主义的捍卫者更多”[2]。人的天性追求欲望的实现，而最初的和最根本的欲望就是自我保全。因此，个人拥有保护自己生命以及与此相关的一切手段的天赋权利，在人的所有自然权利中，首要的便是“自我保存”的权力。然而，由于毫无限制的自由使得自然状态中出现了人人相互为敌的战争状态，人与人之间为自我保存、争夺权力互相猜疑、争斗，从而导致自我保存和自由在自然状态中成为虚无，也正是“作为自然状态本质特征的相互恐惧，恰是废除自然状态的动因”[3]，自然状态一旦被废除，国家将应运而生。

在霍布斯看来，人类最终运用理性发现了自然法，促使其走出自然状态建立国家。在霍布斯之前，自我保存是自然法诸目的等级当中位置最低的，而霍布斯则用自我保存来理解自然法，自然法被首先理解为保存自己的正当权利，这一发展过程最终导致用人的诸种权利取代了自然法。自然状态下，不存在道德、正义这些观念，只有自我保存的自由是唯一的自然正当。然而，也正

1［英］霍布斯：《利维坦》，黎思复、黎廷弼译，商务印书馆 1985 年版，第 97 页。

2 渠敬东：《现代政治与自然》，上海人民出版社 2003 年版，第 230 页。

3［美］列奥·施特劳斯：《霍布斯的政治哲学》，申彤译，译林出版社 2012 年版，第 126 页。

是由于这种“致命的自由”使得人们面临相互之间的战争和死亡的威胁。暴力造成的死亡的恐惧唤起人们运用理性寻求超脱自然状态的可能性。“死亡作为公敌，迫使他们达成共识，建立信任，实现联合，使他们为了对付这个公敌，保障尽可能的长治久安，得以有可能完成对国家的奠基”[1]，只有走出自然状态，建立国家，才有可能达到个人的自我保全。在理性的启示下，人们发现了自然法。自然法即“有关哪些事物有助于人们的自我保全和自卫的结论或法则而已”[2]，凡是有可能引发战争的行为均属自然法禁止之列。霍布斯认为自然法是永恒不变的法则，能够约束人的欲望，但是这种约束力是有限度的，因为自然法毕竟不是真正意义上的“法”，只是“使人们倾向于和平和服从的品质”[3]。如若要实现自然法的现实化，脱离自然状态的威胁，获得长久的和平，就要每个人签订契约放弃天赋自由、让渡自然权利给强有力的“第三方”，即国家。国家建立之后，通过武力威慑保障人们遵守信约，人们须遵守国家确立的善恶道德标准。国家的成立使作为永恒的道德法规的自然法变成了实际的法律，将人的天赋自由转化为法律下的自由。但同时霍布斯又规定，国家是不受契约限制的，因为国家并非订立契约的任何一方，而是作为共同权利的“第三方”。

霍布斯的自然状态和社会契约学说试图解决的是如何将松散的个人焊接为一个整体。他认为通过订立契约，借助无限制的主

1［美］列奥·施特劳斯：《霍布斯的政治哲学》，申彤译，译林出版社 2012 年版，第 26 页。

2［英］霍布斯：《利维坦》，黎思复、黎廷弼译，商务印书馆 1985 年版，第 122 页。

3［英］霍布斯：《利维坦》，黎思复、黎廷弼译，商务印书馆 1985 年版，第 206 页。

权，可以将混乱的个人整合为一个聚合体，然而“当统治和服从被看做唯一能把本性原是分开的东西转变为一个整体，并使这一整体存在下去的力量，霍布斯所想象的社会契约只能是投降的谈判而已”[1]。霍布斯的“个人”是抽象的、纯粹形式的原子式个人，这样的个人之间不可能缔结契约。因为契约应是自由地作出的允诺，而不是迫于强制的服从。国家也并非权利与物质强加的总和，其本性应体现在它的任务、意义和目的之中。被称作“投降的谈判”的霍布斯式的契约论，虽被启蒙运动及自由主义所拒绝，但他关于自然状态中的“个人”及其权利的分析对后来的思想家，特别是洛克产生了巨大影响。洛克虽然一直谨慎地“抑制自己不要提到霍布斯的名字”，但其理论不仅在某种程度上继承了霍布斯的思考理路，更对霍布斯带来的难题作出了深刻的回应。

在现代哲人这里，古老的德性传统面临着巨大的困难，他们认为古典的理性传统错误地以为发现了一种客观的至善，或者超验的作为目的的善，并用这种发现来作为一切设计的目标与条件。现代哲人不承认这种引导，他们发明了新的指导条件。在这发明中，霍布斯是一个集中表述者。“霍布斯用保存自己来理解自然法，而在他之前，自然法是借助于诸目的的等级秩序得到理解的，在这个目的等级中，保存自己的位置最低；与此相关，自然法终于被首先理解为保存自己的正当权利——这个发展过程的最终结局就是，用人的诸种权利取代了自然法。（人取代自然，自然取代

1［德］恩斯特·卡西尔：《启蒙哲学》，顾伟铭等译，山东人民出版社 1988 年版，第 237 页。

法）。”[1] 这也就意味着，从霍布斯成体系的论述中，第一原理不再是神义论的，而是人义论的。这种胜利不仅仅是政治权利话语的一次大的转型，也是教育话语的转型条件。霍布斯以反对共和主义的自由为主要面貌，首次对什么叫作自由人作了全新的分析。[2] 共和主义的自由主义者认为，只要有专断权力，就会导致共同体内的公民处于奴隶状态。这种激进的立场是导致克伦威尔时期英国内战的一大原因。霍布斯为数不多的关于教育的思想是以对修辞学的强调出现的。而这些思想针对的就是共和主义自由观带来的混乱。霍布斯是传统人文主义教育的受惠者，他自己本身仍然具有一定的西方传统因素。其表现之一就是知道写作的对象与写作风格之间的协调。“在《利维坦》中，霍布斯显然认为自己在跟一类新型的听众说话，这批听众来源更广泛，但接受过良好教育的则比较少。”[3] 也就是意味着，霍布斯仍旧继承了传统的写作方法：写给大众看的与写给精英看的技法是不同的。在政治思想史家斯金纳看来，《论公民》就是写给精英看的。而 1640 年英国革命，在霍布斯看来就是“英国自然的、文明的智力发展的疯狂中断”，“英国这场革命像是新古典和反律法主义的修辞艺术的胜利，是这种修辞艺术的非理性的但压倒一切的力量对于科学与理性的弱小力量的胜利。”[4] 正是共和主义的自由论调导致了以布坎南为代表的

1［美］列奥·施特劳斯：《苏格拉底问题与现代性》，《施特劳斯讲演与论文集》，彭磊、丁耘译，华夏出版社 2008 年版，第 38 页。

2［英］昆廷·斯金纳：《霍布斯哲学中的理性与修辞》，王加丰、郑崧译，华东师范大学出版社 2005 年版，结语。

3 4［英］昆廷·斯金纳：《霍布斯哲学中的理性与修辞》，王加丰、郑崧译，华东师范大学出版社 2005 年版，第 450 页。

无政府主义的极端主义，这种极端的倾向造成了英国内战时期的意识形态上的混乱。而霍布斯开出的对治之策是：使用修辞学训练对治这种似是而非的理性混乱。霍布斯对修辞学的强调是因为修辞学，尤其是诗歌艺术控制着公民生活。霍布斯强调教育中修辞学的内容在政治思想史家看来直接针对的是当时英国的政治局面。这样在我们看来，在霍布斯那里，首先，关于人的原则成为第一原则，并开始以此原则建构各类话语；其次，他对教育问题的关注与当时他对英国局面的关注息息相关，并且认为，相应的教育内容会挽救造成英国革命混乱的危局。教育问题在霍布斯这里是一个服从于大局的技术性环节。霍布斯以及其他现代哲人构建的教育哲学话语基本上都服从于这两个原则。这个特点在与古典教育哲学的原则相比较时更为明显。这也是为什么我们说即便现代哲人在教育中强调德性也显得苍白的原因，这些话语服从于人义论的第一原则，只能作出象征性的姿态，而不能以构成性的力量去影响整个体系。这也从根源上构成了现代教育的困境。

二、自由的个人与“天赋人权”

施特劳斯将洛克誉为现代所有自然权利论者中影响力最大的一位。如果说霍布斯体系中仍有威权主义的因素，那么洛克的现代话语体系就是彻底地建立在自然状态以及人权基础之上了。洛克继霍布斯之后对自然状态、自然法和自然权利等展开了自成一家的论述，天赋权利和理性自律的“人”在洛克这里首次得到了经典表述。

如果“对霍布斯来说，所谓‘自然状态’，并不是一个历史事实，而是一个必须的构想”[1]，那么，洛克则认为自然状态是人类历史上确实经历过的一种状态，“所有的人自然地处于这种状态，在他们同意成为某种政治社会的成员以前，一直就是这样”[2]。在洛克的笔下，自然状态中的个人是自由的，人与人之间互相平等，个人无须听命于他人，能够按照自己的意志行事，“在这种状态中，一切权力和管辖都是相互的，没有一个人享有多于别人的权力”[3]。同时，洛克也规定，自然状态中的个人也并非完全不受约束，人们的行为必须在自然法的规约之下，按其行事。理性就是自然法，它调整着人与人之间的关系，任何人都无权伤害他人的生命、财产和自由。“自然状态有一种为人人所应遵守的自然法对它起着支配作用；而理性，也就是自然法，教导着有意遵从理性的全人类；人们既然都是平等和独立的，任何人就不得侵害他人的生命、健康、自由和财产”[4]。与霍布斯相比，洛克的“自然状态”是一个相对的和平状态。尽管如此，洛克还是提出“自然状态”看似平静美好，实际上隐藏着诸多矛盾冲突。身处此世之人自身带有对于匮乏之物的强烈欲望，不完善的状态给人带来不安和痛苦，“自然嘲弄我们的祈求，给予我们的绝非幸福而只是对幸福的欲望”，“我们的生命不过是从这个痛苦拖延到那个痛苦罢了”[5]。自然状态

---

1 [美] 列奥·施特劳斯:《霍布斯的政治哲学》，申彤译，译林出版社 2012 年版，第 124 页。

2 [英] 洛克:《政府论》(下)，叶启芳、翟菊农译，商务印书馆 1964 年版，第 12 页。

3 [英] 洛克:《政府论》(下)，叶启芳、翟菊农译，商务印书馆 1964 年版，第 5 页。

4 [英] 洛克:《政府论》(下)，叶启芳、翟菊农译，商务印书馆 1964 年版，第 6 页。

5 John Locke, *Essays On the Law of Nature*, Oxford University Press, 1954, p.221.

中，拥有理性、能够认识理解自然法的人毕竟是少数，大多数人很少甚至没有理性的自我统治或自由能力，人与人之间也存在着无法回避的冲突。这就促使人们订立契约，建立政治社会，将人的“自然权利”变成政治社会中由法律保障的“政治权利”。

洛克认为，在自然状态中，人拥有自然而然的、强大的自然本性。这种本性就是人生而有之的、别人无权干涉的天赋权利，它主要包含以下内容：

第一，自由是人的最根本权利，是其他一切自然权利的基础。洛克认为，自由就是不受世界上任何上级权力的约束，不处于人们的意志或者立法权之下，只是以自然法作为他的准则，是人生来就享有的权利。人与人之间平等地享有自由，人们可以独立自主地决定自己的行为、处理自己的财产，不受他人干涉和绝对权力的约束，只需以自然法作为行为的准则。理性，也就是自然法，它教导着有意听从它的所有人。洛克将理性看作一种人类的高贵品质，人们需要运用理性克制自己的“权力欲”。通过理性对欲望进行修正，只有这样才能实现真正的自由。简言之，没有理性，人就没有自由。然而，洛克也承认，自然状态中，真正拥有理性的人毕竟是少数，因此，需要在进入政治社会之后，通过教育教导人们认识理性，培育人们运用理性的能力，这一部分内容在后面我们将详加论述。

第二，自我保存是人的本能，而财产权则是一切自然权利的根本保障。自我保存是一种自然趋向，也是人最根本、最强烈的欲望，其他人不能以任何借口为破坏他人的生命作辩护。要使人能够实现自我保存，则需要一些必要的手段，财产权便是最根本的基础。“人类对于万物的‘财产权’是基于他所具有的可以利用那些为他生存所必须，或对他的生存有用处之物的权利”[1]。财产权所包含的内容不仅限于物质财富，还包括人的生命、自由、健康等人身权的含义。财产权具有至高无上的神圣性，未经允许，其他任何人无权占有、处分个人财产。“洛克所理解的另一条极其重要而突出的自然法的准则是，征服者没有权利和资格占有被征服者的财产，即使是在一场正义的战争中，征服者也不能‘处分被征服者的财产’”[2]。这里需要注意的是，“对财产的自然权利乃是自我保全的根本权利的一个推论”[3]。虽然，洛克与霍布斯一样认可人有保存自己的自然欲望，但他也指出并非所有自我保存的欲望都是正当的，人在自我保存的同时应尽其所能地保存其余的人。自我保存既是一种权利，也是一种义务。由此，洛克与霍布斯区别开来，自然状态也不再是“一切人对一切人的战争状态”。

自然状态下，每个人似乎都能按其欲望自由生活，但实际上人与人之间充满矛盾，并无安全可言，“第一，在自然状态中，缺少一种确定的、规定了的、众所周知的法律，为共同的同意接受和承认为是非的标准和裁判他们之间一切纠纷的共同尺度。第二，在自然状态中，缺少一个有权依照既定的法律来裁判一切争执的知名的和的公正的裁判。第三，在自然状态中，往往缺少权力来支持正确的判决，使它得到应有的执行”[4]，相互争斗似乎又成了唯

1［英］洛克:《政府论》(上)，叶启芳、瞿菊农译，商务印书馆 1964 年版，第 74 页。
2［美］列奥 · 施特劳斯:《自然权利与历史》，彭刚译，三联书店 2003 年版，第 219 页。
3［美］列奥 · 施特劳斯:《自然权利与历史》，彭刚译，三联书店 2003 年版，第 240 页。
4［英］洛克:《政府论》(下)，叶启芳、瞿菊农译，商务印书馆 1964 年版，第 77—78 页。

一结局。为了避免战争，人们必须走出自然状态，联合组成共同体。洛克的共同体不同于霍布斯的“利维坦”，它源于自由的个人契约式的“同意”，是个人自愿转让部分权力的结果。在权力让渡中，个人保留了生命、自由、财产权。国家的建立是为了更好地保护个人的基本权利不受侵犯，如若契约国家违背这一目的，其合法性将不复存在，人们有权推翻它建立新的权力机关。可以看出，霍布斯推崇的君权神授的国家在洛克这里被降至个人权利的守夜人。在洛克看来，人的生命、自由、财产权是天赋人权，在任何情况下不可让渡，更不因国家的建立而有丝毫折损。因此，我们可以说比霍布斯更加彻底地为现代话语奠基的是洛克，“霍布斯首先提出的权利概念，经由洛克之手获得了其至尊地位”[1]。在洛克的努力之下，拥有不可撼动的自由权利的个人郑重地登上了启蒙精神的历史舞台。

“当洛克拒绝了霍布斯的主权者以及霍布斯式的行政与宗教权威合一的时候，他就奠基了自由主义。”[2]洛克哲学话语方式同样可以在更早的思想史背景中找到先行者。有研究者认为，洛克话语的一些有影响的部分，恰恰是来自前现代的话语资源。“比起有些与他同道的启蒙思想家，洛克可以说与其前人具有更多的共同点。……洛克对先前的道德、政治和宗教传统作出了更多的肯定，他对政治的理解与中世纪的立宪主义有更多共同点。他对道德的理解反映了早前的立场，包括斯多葛主义，他对宗教的理解则从

1［美］阿兰·布鲁姆：《美国精神的封闭》，战旭英译，译林出版社 2011 年版，第 121 页。
2［美］迈克尔·扎克特：《洛克政治哲学研究》，石碧球等译，人民出版社 2013 年版，第 11 页。

与他同时代的新教上吸收了很多。”[1]这种温和的特质使得洛克哲学更加富有弹性，经过美国式的混合，终于成为联邦主义者以及美国建国立宪的哲学基础。研究洛克哲学除了具有思想史的意义，对理解美国的宪法哲学基础以及美国历史都是必需的。研究洛克政治哲学实际上就是研究所谓美国精神的哲学基础。

此外，洛克在认识论问题上的“白板论”也值得我们深思。洛克是英国经验主义的重要代表，与德国莱布尼茨的唯理论针锋相对，在认识起源问题上持经验决定的态度。人的心智原先就是白板，经过经验的刻画才出现知识。经验是知识的唯一来源，没有天赋观念。洛克的经验论看起来只是知识论问题，实际上是在认识论领域将超验的范畴驱逐出去。一切起源问题实际上就是“历史”知识的问题。而历史知识是现代哲人认识方法的重要特点。这个特点就是一切都通过历史的回顾来确定知识的起源。历史主义的后果就是一切问题都以经验为最终的判断标准，除此之外的超验概念一律都是可以被舍弃的假设。经验主义的历史溯源开始建构一整套知识是如何起源的理论或者叙述。这种叙述也是影响教育哲学的基本架构之一。通过这种知识论的构造，特定的教育范式就被确立起来。而这种历史性溯源的方法与同时期启蒙哲学家对于社会、国家等问题的历史性溯源一样，服务于启蒙哲学家新的理论构造。例如，对于“自然状态”在国家起源中的地位的论述。这些新构造出的理论最终成为统治性的知识形态。这些知识形态通过提供特定时代合法的语法的方式掌控话语权。除

1［美］迈克尔·扎克特:《洛克政治哲学研究》，石碧球等译，人民出版社 2013 年版，第 18 页。

此之外，这些话语方式的附加影响就是，超验性的概念与理想性的目标都被作为第二阶次的概念贬值了。世俗的人变成了中心。并且，凭靠人的设计与启蒙我们就可以达到建设一个理想国度的目标。如果说洛克之前的哲人还有神学或者前现代的因素的话，那么洛克可以说彻底摆脱了这些因素的影响，这也成为现代教育困境产生的理论根源之一。

启蒙思想家通过分析自然状态和人的权利，找到了解开人性之谜的钥匙，进一步回答了何为“本然的人”，为现代教育奠定了理论基础。启蒙思想家更是将教育作为成全人性、构建现代政制设计的伟大事业郑重以赴，促成了现代教育的繁荣发展。

第二节　为现代政制设计教育“应然的人”

按照教育史的谱系，洛克可谓是在近代将教育作为问题提出的第一人。所有奠基于启蒙精神的现代教育思想，从某种意义上讲，都可以在洛克的教育理论中找到最初原型。洛克的教育思想启示了现代教育的未来走向，也赢得了他所处时代的广泛认同。

“洛克是十足的现代哲学家——当然，在关于洛克政治哲学的文献中，这样的主张是存在争议的”[1]。自由主义哲学家与教育思想家的双重身份使洛克的思想貌似充满矛盾和两面性：作为政治哲学家，洛克否定了政治社会具有教育功能，作为教育思想家，洛

---

1 [美] 迈克尔·扎克特:《洛克政治哲学研究》，石碧球等译，人民出版社2013年版，第1页。

克又将培育政治社会理想公民的重任寄托于家庭教育；在政治哲学中，洛克力图将政治权利从“家长制”中解脱出来，而在谈论教育时他又坚持将“家长权威”赋予父母。否定政治社会的教育功能并不意味着教育对政治社会毫无意义，恰恰相反，教育功能必须通过家庭来进行弥补，只有这样民主社会的设计才是完整的。要正确理解洛克的教育思想就必须将其放入民主社会设计的整体理论视野中。洛克作为自由主义政治哲学家，他在《政府论》中认为政治社会的目的在于保护人的自然权利和维持公共安全和平，而不是教育人的德性。然而，作为一名关心人性完善的教育思想家，洛克又十分注重德性教育的重要性。他在《教育漫话》中所阐述的绅士教育思想在教育思想史上是浓墨重彩的一笔，这本书亦成了一部公民道德教育巨著。正是作为自由主义政治哲学家与教育思想家的双重身份，使得洛克的教育思想与其政治哲学的关系显得晦暗不明，充满了复杂性，也正是在政治与教育、政治社会与家庭、权利与德性、自由与权威等种种复杂张力的背后，隐藏着洛克对于化解自由民主社会危机的良苦用心。鉴于此，我们似乎有必要厘清以下重要问题：洛克区分政治与教育的理论依据何在？洛克一方面将教育功能排除在政治社会之外，另一方面又认为教育与政治是相互依存的，那么教育在洛克的政治哲学中究竟处于何种地位？

一、区分政治与教育的理论依据

为了理解洛克为何将德性教育排除在政治社会之外，我们不妨从他的经典之作《政府论》开始。

（一）从反对“家长制”谈起

《政府论》的主题是权利，主要内容是论证政治社会的起源和目的。在《政府论》的上篇中，洛克反驳的是保皇党人费尔默的“君权神授”理论。费尔默提倡父权论，认为父权政治是神授政治，而君权之于国家犹如父权之于家庭，同样无可置疑。与费尔默不同，洛克认为：“官长对于臣民的权力，同父亲对于儿女的权力、主人对于仆役的权力、丈夫对于妻子的权力和贵族对于奴隶的权力，是可以有所区别的”[1]。洛克对费尔默的批判主要集中在“父亲生育儿女的自然‘事实’，并没有赋予父亲占有、支配或统治儿女的政治‘权利’。统治与被统治的政治关系既不同于家长与子女的关系，也不是主奴支配，更不是财产占有”[2]。也就是说，父权不是君权，更不等于政治权力；父权应受制约，不能推展到家庭范围之外，更不能提升到政治层面。实际上，洛克对费尔默的批判直接关涉到古希腊以来，包括基督教神学在内的西方主流政治思想中的一个基本问题：统治资格的合法性依据到底是什么？

古希腊政治思想家认为，智慧者自然拥有教育和统治他人的权力，因为他们拥有常人无法企及的智慧；基督教神学家们认为，全知、全能、全善的上帝将其分辨善恶好坏的能力赐予尘世代言人，这些代言人理所当然地可以教育指导芸芸众生应该如何生活。不管是以古希腊为代表的古代政治哲学，还是为基督教神学服务

1 ［英］洛克：《政府论》（下），叶启芳、瞿菊农译，商务印书馆 1964 年版，第 4 页。

2 吴增定：《利维坦的道德困境》，三联书店 2012 年版，第 265 页。

的经院哲学，都坚持“家长制”。洛克在《人类理解论》中谈道，“上帝在给人以心灵时，虽没给了这些意念，那亦并无损其为善，亦正如他只以赤裸裸的身体给我们，而并没给任何天赋的艺术和技能是一样的”[1]，人类初生之时犹如一块白板。同时，人受感官经验和认识方式的局限，最多只能拥有有限的经验知识，无法获得所谓的整全“真理”。即便有人像上帝一样拥有了关于善恶的绝对真理，他也没有资格统治教育其他人。因为只有个人自身对快乐和痛苦有切身体会，并且趋乐避苦，自我保存，即使最贤明的统治者也没有能力和资格教导被统治者应该如何生活。由此，洛克坚决反对“家长制”，也不认为教育是统治者的责任、教育与家庭需要被吸纳进政治中。进而他否定了政治社会的教育功能，将教育排除在政治社会之外。

（二）政治社会的起源与出路

洛克的自然状态与霍布斯相比是一个相对和平安宁的状态。但是，洛克也认为“自然状态”看似自由美好，实际上却隐藏着人与人之间不可调和的矛盾。人的内在激情总是指向外部对象，这是源自人类本性中的“权力欲”。洛克十分清楚，“想要在变幻莫测的个人利益上面建立道德和政治秩序没有可能”[2]，他也承认在自然状态中，拥有理性、能够理解自然法的人毕竟是少数，大多数人很少甚至没有理性的自由能力，克服不了人的自然本性中的“权力欲”，若没有一种更强大的力量来制约这股“权力欲”，人

1［英］洛克：《人类理解论》，关文运译，商务印书馆 1983 年版，第 57 页。

2 John Locke, *Political Essays*, Cambridge University Press, 1997, p.268.

与人之间必然陷入战争状态，人类社会将永无宁日。在自然状态中，人的自然权利无法受到保护，所以必须建立政治社会，将人的“自然权利”变成政治社会中由法律保障的“政治权利”。换言之，政治社会之所以必要，正是由于人的自然本性存在着无法克服的“权力欲”；政治社会的统治权源于人民，而不取决于统治者或神意委派；政府的存在是为了保护人的自然权利、追求人的合法利益。在这里，洛克对霍布斯理路的承继可见一斑。

洛克一方面认为自然状态并非表面上的平静美好，另一方面他又反对“家长制”，那么，政治社会的出路何在？古典政治哲学认为“权力欲”主宰着人类的政治生活。洛克同样意识到人的这种自然秉性从人类社会诞生以来一直如影随形，并且这种源于人类自然本性中的权力欲是任何手段都无法完全消除的。那么就只能对它加以引导，使政治社会的公民能够尊重对方的权利，维护他人的尊严，承认各自的自由，如此一来，个人的自由、财产和生命等权利才能得到保护，政治社会才能长治久安。如何才能培养出这种政治社会的合格公民？答案显然只有一个：教育。洛克认为可以通过教育培育人性中的优点，抑制人的“权力欲”，让理性滋生成长，只有这样才可能塑造出既履行义务、又能享受自由的合格公民。

在《政府论》中，洛克将自由放在核心地位，认为政治社会的目的就在于保障人的自然权利。“洛克坚持认为，公民自由是所有公民的天赋权利……他将国家称为‘警察’，即国家的权利仅限于对公民权利的保护”[1]，教育被摒除在政治社会之外。洛克将教育

1［美］R. 弗里曼·伯茨：《西方教育文化史》，王玉凤译，山东教育出版社 2013 年版，第 281 页。

的权责归于父母，教育的主要途径归于家庭，期望通过家庭教育为政治社会培育合格公民。洛克将教育从政治中分离出来，又将培育公民这一使政治社会能够得以成立的、最重要的基础寄托给了家庭教育。若要理解洛克政治哲学中的这组最大的张力，我们必须思考教育在洛克政治哲学中究竟处于何种地位这一问题。

二、教育在洛克政治哲学中的地位

洛克虽然否定了费尔默的“家长制”，但他并不否认家庭教育和家长权威对政治社会的重要意义。恰恰相反，洛克对于家庭教育寄予了厚望——把人塑造成人的是教育，政治社会的自由公民更是需要通过家庭教育来进行培养。在其另一部经典著作《教育漫话》中，洛克明确了私人领域与公共领域的区分，围绕“家长应该如何教育孩子”这一基本问题展开，为了全面的教育革新向公众发出呼吁，着重探讨了家庭教育的重要性以及教育何以可能等重要问题。

（一）家长权威在教育中得以重新树立

虽然洛克与卢梭一样都认为人在自然上是“前政治”的动物，但是与卢梭不同，他认为人并非完全的“野蛮人”，而是属于家庭的“文明人”。对于父母与子女的关系，洛克这样认为：“我承认孩童并非生来就处在这种完全的平等状态中，虽然他们生来就应该享受这种平等。他们的父母在他们出世时和出世后的一段期间，对他们有一种统治和管辖权，但这只是暂时的。……随着他们的成长，年龄和理性将解脱这些限制，直到最后完全解脱而能使一个人自由地处理一切为止”[1]。家庭是一种自然产物，家庭成员在自然上都是平等自由的。一方面，孩童生而享有自由平等的权利，家长不因生养儿女，而拥有对孩子绝对的统治权，另一方面，在孩子未成年时，人们凭借父母的身份也确实对其拥有管辖权，“我们也不难承认，父亲可以有某种支配儿子权力的天赋权利”[2]。洛克将抚养权和教育权置于家长权力范围内，他甚至强调家长权力即教育，天赋的家长权威主要运用于教育培养孩子的过程中，直至孩子成长为拥有独立理性的自由人。“直到幼童取得自己的理性为止，做家长的不独获得授权用他或她的理性去替代幼童的［心智］，同时更获得授权去‘培养儿女的心智’”[3]，完成这一使命之后，孩子将不再需要自然的家长权威，家长不能将孩子作为私有财产进行支配。换句话说，所谓家长对孩子的教育即在肯定孩子的自由的前提下，通过家长权威培养孩子的自由能力，最终使孩子扔掉“家长权威”这根“拐杖”，能够理性地运用自由。对于洛克来说，“家长权威”是教育的手段而非教育的目的，家长对孩子的教育是其应尽的义务，家长对孩子进行教育并不能构成家长占有支配孩子的权利，因为人在自然上是自由的。与此同时，洛克也特别强调儿女成长后，虽不欠父母一份服从，但所欠的是一份尊礼，父母尽心抚育儿女，儿女应怀感恩之情予以回报，这既是儿女不可

1［英］洛克：《政府论》（下），叶启芳、翟菊农译，商务印书馆 1964 年版，第 35 页。
2［英］洛克：《政府论》（上），叶启芳、翟菊农译，商务印书馆 1964 年版，第 93 页。
3［美］纳坦·塔科夫：《为了自由——洛克的教育哲学》，邓文正译，三联书店 2001 年版，第 101 页。

推卸的责任，也是父母应当享受的待遇。

这里其实暗藏着一组张力：一方面需要孩子对家长权威的服从，否则无法教育孩子，另一方面又要培养孩子摆脱、质疑家长权威的能力，否则无法将孩子培养成一个真正的理性自由人。家长管教引导儿童，正是为了有朝一日孩子能够主宰自己的行为；父母替儿女决定事情，但在决定时必须训练儿童运用理性，以期他最终能自己决定事情。这组张力体现出洛克教育思想的深刻之处：年幼的儿童缺乏理性或者对理性法则没有足够的认知能力，因此他们需要服从父母，但家庭并不因此而成为一个父母高高在上的专制王国。家庭教育要达到的目标应该是在肯定自由的基础上，教育孩子对权威的敬畏，在肯定权力的基础上，塑造孩子的德性。

（二）家庭教育培养政治社会的“好公民”

在洛克看来，家庭之所以重要，正是因为家庭能将一个缺乏理性的节制能力的人教育成一个成熟理性、有德性的自由人，培养孩子克制自己自私贪婪的权力欲，学会尊重他人的自由，关爱他人的疾苦，培育基本的爱国之情。“一切德性和价值的伟大原则和基础在于：一个人能够克制自己的欲望，能够不顾自己的爱好而纯粹遵从理性认为是最好的指导，虽然欲望倾向于另一个方向”[1]。教育虽然是私人范围的事，但它对公众事务也极为重要，通过教育培养的自由公民进入政治社会，能够和睦相处，形成政治社会的坚强凝聚力，使政治社会避免沦为一个人人自私自利、纯

1［英］洛克：《教育漫话》，傅任敢译，人民教育出版社 1963 年版，第 25 页。

粹利益计算的“市民社会”。家庭的这种教育作用正是《教育漫话》的核心，亦是洛克教育思想的要旨。

洛克在其政治作品中花费力气要将政治权利从家长制中解脱出来，而在谈论教育时又坚持将家长权威赋予父母，实在令人觉得费解。看似矛盾的背后，洛克主要考虑的是不能将政治权利与家长权威混为一谈。洛克在区分政治权利和家长权威的前提下，将家长制从政治社会领域驱逐出去，而在家庭的教育中有限地承认了家长权威的意义。通过前面的阐述不难发现，《政府论》的主题围绕着作为公共领域的政治社会，其要旨是权利，主要探讨建立政治社会之后，如何通过法律保护人们在自然状态中无法得到保障的自然权利。而《教育漫话》的主题围绕作为私人领域的家庭，其要旨是德性，主要探讨家庭教育如何培养孩子运用理性控制自己的权力欲，培育孩子的德性。洛克在《政府论》中只谈权利，在《教育漫话》中只谈德性，权利与德性的分离实际上就是政治社会与家庭的分离。但需要注意的是，教育的主要目的就是为政治社会培育合格的理想公民，家庭教育看起来是私人领域的事务，但关乎公共领域能否成功建立的重大问题，甚至可以说，教育对政治具有决定性影响，不可轻视。

洛克认为幸福是人生追求的最高目标，但这个目标的实现却不能通过政治社会，只能寄托于家庭。在《教育漫话》开篇洛克便谈道：“人生在世的幸福，就是这样一个简短而充分的说法：健康的心灵寓于健康的身体”[1]。这里虽没有明确显示教育的重要性，

1［英］洛克：《教育漫话》，傅任敢译，人民教育出版社 1963 年版，第 3 页。

但实际上，教育就是强健体格、健全头脑、正常精神的泉源。政治社会只能维持最低目标——通过法律等手段，保护人的生命、财产、自由等基本权利不受侵犯，作为最高目标的幸福倘若非要通过政治社会来试图达成，恐怕不仅最高目标难以实现，连最低目标都会化为泡影。最高目标只能通过家庭教育来实现。洛克的教育思想并非仅供为人父母者教育子女的实用手册，尽管其实践价值不容忽视，而应将其置于洛克的开明政治观中加以理解，使我们对自由主义政治哲学有一更广阔和更深入的视野。

三、现代政治社会与理性自由人

洛克顺应资产阶级革命带来的社会民主平等发展的历史趋势，其政治哲学思想开创了自由主义政治哲学传统。尽管洛克把政治与教育、政治社会与家庭、权利与德性、自由与权威相分离，但值得我们注意的是这种表面的分离实则蕴藏着深刻的内在关联。

身处 17 世纪英国的洛克清晰地看到，合理地构建现代社会需要两个至关重要的条件：其一防止权力滥用，大众有序参与的政治体制，其二就是理性克制的自由公民。天赋自由是洛克学说的基本论点，自由是人生而有之的权利，教育的目的就是教人养成理性好享受这一权利。因此证明人人生而自由对洛克而言至关重要。但费尔默认为人生而附属父亲，父权政治即神授政治，天赋自由根本不存在。所以洛克要让自己的论点立于不败之地，必须驳斥费尔默的观点。《政府论》中洛克首先以费尔默为标靶，反对“家长制”，然后在此基础上着重探讨了政治社会的真正起源、范围和目的，教导人认识权利和因权利而产生的义务。人不同于草木禽兽，之所以能享受天赋自由的权利，就在于人具有理性。洛克的教育是要使人成为合格的自然权利行使者，实现人的自由。《教育漫话》中洛克系统阐述了以培养“绅士”为目标的教育理念，期望通过家庭的教育培养出拥有健康身体和理性心灵的自由公民，以符合他所构想的政治社会的需要。理想的公民应具有健全的体魄，热心公共事务，是理智的、有德性的、社会化的个人，“就这个目标而论，为了成为具有这种品性的人，他们认识自己国家的历史、法律、地理，也明白世事发生的年代次序和其他有关事情。他们都能书善读。在道德品格上，他们的性情既不奴顺也不专横，他们是品性独立和自力更生的自由人”[1]。家庭教育的首要目的正是使人成其为人，通过教育实践，塑造孩子的品性，培育理性自由人。

“政治包含了两个相互间非常不同的部分，一部分总论了社会的起源和政治权利的兴起与范围，另一部分则论在社会中管治人民的艺术”[2]。一套完整的政治哲学既要包括论述权利义务的政治制度，也应包含教人治人的艺术。纵观《政府论》探讨的主要问题涉及前一部分，《教育漫话》则在分析人性成长的基础上，详细阐述了他的教育思想。治人的艺术正是建立在对人性的理解之上，教育显然可以算作一种“管制人民的艺术”。洛克强调政治社会虽然不能培养德性，但是并不意味着它不需要德性，离开德性的支

1 ［美］纳坦·塔科夫：《为了自由——洛克的教育哲学》，邓文正译，三联书店 2001 年版，第 24 页。

2 John Locke, *Educational Writings of John Locke*, Cambridge University Press, 1968, p.400.

撑，政治社会将成为一盘散沙，陷于混乱；家庭教育尽管不能保证权利，但并非不需要权利，离开政治权利的保障，家庭随时面临专制权力的威胁。因此，洛克的政治哲学中总是包含着重重复杂张力，我们在洛克的哲学中总能发现那么多暧昧不明的两面性，而这些看似矛盾的理论背后，真正蕴藏着洛克的良苦用心。洛克教育哲学中有趣的问题正是在于：他主张人民主权论、革命的权利以及建立在权利之上的国家观，自由是他整个体系的中心，然而在家庭教育中，他又将权威的概念作了保留。这个看起来似乎矛盾的地方让我们觉得洛克的体系实际上不是看上去那么自洽，虽然洛克能够自圆其说。洛克认为父亲具有对孩子教育的天然权威，并且没有这种权威就不能成功地培养出合格的公民。这里的教育概念与霍布斯那里的一致，都是将培养合格的公民或者服务于完满政制作为目的的。权威概念在这里是必需的，但是不同于他的前人作出的类比，洛克并未将权威概念推广至更广大的政治领域，而是严格限定这种权威的范围，绝不认可作为契约后果的国家具有这种权威性。而这种家长式的权威性曾经是不言自明的公理之一。现在洛克将这个公理放逐掉，而代之以其他公理。公民宗教就是洛克等现代哲人发明的替代物。公民宗教在洛克这里也是必要的一种教育途径，而且相当重要。这一点在马基雅维利那里就已经得到认可。宗教是建立一个强大国家的基础。这一点亚伯拉罕·林肯以及托克维尔都认可。他们都认为，无模式的政治生活要求一个道德基础而不是民主，而宗教就为这种道德基础提供了基础。托克维尔将美国的成功归功于民主与宗教的相互支持。应该说，洛克所属的时代已经离宗教改革与欧洲的宗教战争有时间距离了。这段时间内大批的神学家以及哲学家在思考政教关系上的巨大努力使得洛克思考政教问题不再具有像先辈一样的难度。在神权问题基本已经解决的时代，洛克通过承认公民宗教的必要性实际上解决了权威的问题。公民宗教不直接参与政治行动，但是保存了一定微观权力的权威。通过公民宗教权威的教育，大众的道德以及基本共识得以维系。这种教育途径实际上提供了民主政制不可或缺的意识形态（神学）基础。但是这种新的神学又是被褫夺权力的权威。洛克的教育哲学应该说不管是在家庭教育还是在公民宗教问题上都值得我们进一步仔细研究。

作为自由主义哲学奠基人之一，洛克提出政治社会的主要目的在于保障人的自然权利，其并不具备教育功能。但教育又是民主社会不可或缺的重要环节，教育功能必须通过家庭来进行弥补，只有这样民主社会设计的构成才是完整的。因此，作为教育思想家，洛克特别强调家庭教育的重要性，期望通过教育使人成为合格的自然权利行使者，培育出合乎政治社会需要的自由公民。教育是整体社会教化的一部分，更是洛克民主政治设计不可或缺的有机组成部分，占有至关重要的地位。我们不能脱离民主政治设计的整体背景片面地理解教育理论。如果只强调片面的教育理论，而不注意到民主社会的教育理论是民主社会设计的重要补充，脱离整体理论视野，就不会真正理解什么样的教育理论是正确的，在此基础上产生的教育改革理论也会是混乱的。

洛克的教育理论与他的政治哲学有着内在的紧密联系，他的政治哲学又以人的自然状态和自然权利为基础。然而，这一基础自卢梭开始便受到了巨大的挑战。洛克关于自然状态、自然权利的理论被看作“毫无根据的神话”，关于人性的理论不过是形而上学的虚构。但是通过仔细梳理洛克的政治思想，我们发现，洛克在他的时代已经或多或少地预见到自由民主社会今天所面临的危机。洛克诉诸理性以及由此给人带来的进步，突出家庭教育对政治社会的基础作用，正是试图为化解今天的危机开出的药方。不过就当今的政治社会和教育现状看来，洛克的努力并不成功。他的政治哲学和教育理论尽管未能提供给今天的我们解决问题的现成答案，但却促使我们不断地反思：国家是否应肩负起教育的责任？贫乏是现代人难以逃脱的生存处境，人如何支撑起充满冲突的世界通向幸福？在我们追求自由、强调个人权利的同时，又对国家和社会承担着怎样的责任？

启蒙思想的演进传播作为一场巨大的文明转折，从其创发以来逐渐塑造出一种现代生活形态及精神方式，它在带来政制变革的同时也为教育带来了革命性的变革；在留下巨大遗产的同时，也给我们遗留了大量复杂的难题。这些难题根本上讲不仅仅是教育哲学或者教育思想的问题，而是根植于古今之争之后的现代性文明命运转换的大问题。洛克的哲学体系中遗留下的问题就是人的两重性如何协调，这个问题同样也存在于卢梭以及其他现代启蒙哲人的宏大体系中。这些问题在我们理解教育的本质以及进行教育改革的时候如果不严格弄清楚就会导致一系列不可控制的后果，带来灾难。作为一个强大的历史进程，现代性历史命运看来是不可抗拒的。作为现代文明重要部分的现代教育更具有鲜活的实践品格，直接影响社会中的每一个人。教育要在培养适应社会需要与个人全面发展两个向度上有一个更加圆满的效果就不能没有更为全面的对于教育理念的历史梳理与对其在整个政治哲学体系中位置的考量。在我国，现代教育的发展显现为一系列推动教育变革的具体事件。对现代教育的历史反思有利于我们在一个更加广阔深远的视域中审视和考察教育的本质，为我们找出教育难题和乱象背后的原因，解决教育的深层危机，为寻找现代教育的合理出路，提供基本的理论准备与历史视野。

第三章 现代教育哲学方案的修正与补充：道德教育

启蒙运动的先贤将人的理性推上至高无上的地位，无情地批判一切宗教、自然观、国家制度。当启蒙先贤为理性的进步弹冠相庆之时，卢梭提醒不要过度相信理性的能力而忘却了理性的界限。卢梭作为启蒙运动内部的“分裂者”，他首先质疑了自然状态与文明社会之间的内在关系，率先从启蒙内部对启蒙精神进行反思与批判。卢梭希望通过自然主义的道德教育使人返回“自然状态”，在现代理性主义启蒙哲学的废墟之上重新建构现代社会的道德基础，培养具有健全判断力、完整自足又可融入社会的“自由人”，将人从道德怀疑主义、相对主义甚至虚无主义的深渊中解救出来，克服启蒙哲学给人造成的多重分裂，恢复人性本身的完整和统一。他提出教育需顺应儿童成长的各个自然阶段，用“事物的必然性”替代理性说教来教导学生。这一主张顺应自然天性的教育方法既体现出对启蒙哲学的批判，同时开辟了道德教育发展的新方向，具有承前启后的转折意义，富有鲜活的生命力，对后世有着深远的影响。

第一节 道德教育的缘起：自然状态与文明社会的对立

卢梭生活在启蒙运动轰轰烈烈展开的时代，启蒙先贤高举“理性”大旗，认为一切都必须在理性的法庭面前为自己的存在辩护。启蒙主流思想家相信科学和艺术的发展无疑会促进社会的进步和人类的幸福。在这一时代，人类理性被推到至高无上的地位，让人们充满了对理性的期待，渴望通过理性的启蒙和科学的发展彻底改造旧世界，建立崭新的现代社会，实现人类的进步和幸福。正是在这样的背景之下，卢梭出现在了时代的最前沿。然而，作为启蒙时期最为“另类”的思想家，卢梭与启蒙主流思想家不同，他并没有陷入对理性的盲目崇拜，也并不笃定科学的发展将会带来社会的进步，为人类创造出幸福。他敏锐地觉察到自然状态与文明社会之间的内在对抗性，从自然与文明、科学与德性的悖论关系入手，率先从启蒙运动内部开始了对启蒙精神的反思和批判，并试图克服第一波次现代哲人教育设计的缺陷，完善启蒙精神的现代政制方案。

一、自然状态与文明社会的对立

正如《爱弥儿》开篇所说，“出自自然之手的东西，都是好的，而一到了人的手里，就全变坏了”[1]。自然状态与文明社会的对

1［法］卢梭：《爱弥儿》，李平沤译，商务印书馆 1978 年版，第 5 页。

立几乎贯穿了卢梭的整个思想。卢梭认为现代文明的到来和发展非但没有给人们带来自由和幸福，反而将人推向攀比、贪欲、不平等、争权夺利等堕落败坏的苦海深渊。

在《论科学与艺术》中，卢梭鲜明地提出：启蒙运动的结果必然导致社会道德的普遍败坏。“我们这个时代的文学和科学，倾向于破坏的成分多，倾向于建设的成分少”[1]。卢梭攻击的并非科学和艺术，而是在科学和艺术与德行发生冲突时，才对它们加以攻击。换言之，卢梭要阐明的是科学和艺术可能带来的社会弊病，反对启蒙精神对理性文明的片面理解，并非对文明的全面否定和抛弃。卢梭从古代与现代的对立出发，揭示出以科学和艺术为代表的现代文明对德性良善淳朴的古典风尚的摧毁。卢梭认为，在注重科学和艺术的社会中，个人的能力才干备受关注，而德行则被忽视。“在科学和艺术的时代里，似乎知识已经不在乎一个人是否正直，只在乎他能耐有多大，不在乎一本书是否能读懂，只在乎它写得精彩不精彩，不问人们的天性是否善良纯真，只问他们有没有聪明才智”[2]。卢梭生活的资本主义社会正是注重奖赏科学与艺术方面的才干者，而对公民的德行漠不关心，这样的社会无疑会贬低公民德行的价值。卢梭进一步指出文明的每一次进步，人类都付出了沉重的代价，使人愈加文明的东西也是使人道德堕落的源泉。科学与艺术不能起到敦化风俗的作用，反而导致了人的德行败坏，社会的发展给人类带来的是自然德性的逐渐泯灭，人正是在这种悖论中以异化的方式生存。

1［法］卢梭：《爱弥儿》，李平沤译，商务印书馆 1978 年版，第 2 页。

2［法］卢梭：《论科学与艺术》，何兆武译，商务印书馆 1963 年版，第 20 页。

在《论人类不平等的起源和基础》中，卢梭将古代与现代的对立还原为自然状态与文明社会的对立，人类从原始的淳朴无知、自给自足状态走上了文明社会的败坏堕落之路，并且注定再也不能重返自由的自然状态。“新生的社会让位于战争状态：被败坏了的可怜的人类，既无法返回原先的道路，又舍不得放弃已经到手的不义之财，于是，愈拼命干，便愈使自己蒙羞。”[1] 文明社会一方面带来了物质财富的积累，另一方面，随着私有财产的产生，平静的自然状态被打破，贫富两极分化，人与人之间的平等关系遭到破坏，人们沉溺于各种欲望无法自拔，社会随之出现可怕无序的混乱。

在《爱弥儿》中，这些思想得以充分展现，并整合到教育方法与原则之中。卢梭描述了一个有关“自然人”的历史，然而这里的“自然人”并不是前文明时期的“原始人”，而是一个生活在现代文明社会中，不与自身矛盾，各项能力处于“平衡状态”的“自然人”。卢梭虽然肯定并赞美古代德性教育的伟大，并将其与现代教育比较，凸显后者的失败，但他也明确地表示人类社会发展至现代，再希求返归古代社会生活方式已不可能。那么，如何克服文明社会给人造成的分裂和败坏呢？卢梭给出的解决方案不是通过政治手段把人改造为政治社会中的一员，而是通过“自然教育”将其培养成既能够完整自足，又可以融入社会的真正“自由人”。

《爱弥儿》一书中，卢梭不仅强调自然状态与现代文明之间的

1 [法] 卢梭:《论人类不平等的起源和基础》，李平沤译，商务印书馆 2009 年版，第 101 页。

对立，在描述爱弥儿的成长教育过程中，还体现出卢梭对人性的深刻剖析。卢梭认为对人性的理解并不取决于人的目的或人的完善，而是取决于人的开端状态，因为只有人的开端状态才是确定的。“我们从其出发而达到通常的理解程度的最初起点就这样被知晓，或者能够被知晓；但有谁知道另一个极端呢？……我不知道哪一个哲人敢大胆地说：这是人所能达到的界限，他无法超越这个界限。”[1] 卢梭实际上提出了一个至关重要的问题：人在成长之初并非真正的人，教育是为我们提供出生时所没有的，而在成长时又必需的东西。自然教育的最终目标就不仅仅是对人是什么这一问题的哲学理解，而是对人应该是什么这一问题的道德分析。

在道德层面，现代理性主义启蒙哲学激烈地批判传统宗教及传统道德，以霍布斯和洛克为代表的现代自然法论者试图建立一种新的、以个体自然权利为基础的现代自然法学说取而代之。但与之相反，卢梭看到的恰恰是这种基于个人利益的现代自然法学说不仅不能提供一种真正的道德规范，甚至更严重地加剧了个人与社会、个人利益与公共利益之间的激烈冲突。卢梭在《爱弥儿》中的最终努力，“就是要在现代启蒙和现代文明的废墟上重建人的道德准则，消除人在自然与文明、自然人与公民、个体与社会、喜好与义务、身体与灵魂等方面的多重分裂，恢复人自身的统一性和完整性，并且最终把人塑造成为真正‘从心所欲不逾矩’的道德主体或理性‘自由人’”[2]。

---

1 [美] 马斯特：《卢梭的政治哲学》，胡建兴、黄涛等译，华东师范大学出版社 2013 年版，第 26 页。

2 吴增定：《利维坦的道德困境》，三联书店 2012 年版，第 321 页。

二、作为启蒙精神的“分裂者”

启蒙思想家认为理性是主宰一切的绝对精神，主体借由理性可以脱离传统束缚，构建出新世界的新秩序。卢梭则看到了自然社会与文明社会之间、理性与德行之间的悖论，他不仅批判了启蒙运动所批判的，并且反思和批判了启蒙运动自身，这样的思想理路注定了卢梭的“孤独”。卢梭的理性信念和道德信念折射出启蒙精神的光辉，也反映了他对启蒙现代性命运的敏感体察，他与启蒙思想家在几个关键问题上产生了显而易见的分歧，由此也使得卢梭以“分裂者”的姿态位列于启蒙阵营，以他自己的方式实现了启蒙精神的又一次向前推进。

首先，在对自然人的理解上，卢梭认为在自然状态中人性是善的。同时，人并非天生是理性的动物，在天性上人是“前理性”的孤独者。在《致博蒙特的信》和《论人类不平等的起源和基础》等多部著作中，卢梭都提到“人生来是善的”，这种善良是不具备道德意义的自然情感。性善论可以说是卢梭全部道德学说的基本原则和理论基础。值得注意的是，卢梭之所以认为人性本善并非由于人天生是理性的、政治的动物，可以通过理性约束欲望，恰恰相反，人性本善正是由于人天生缺乏理性使然。自然人的原初状态与其他动物并无区别，都是不为理性所支配的，生而对善恶全然无知，完全受制于自爱等情感本能，仅靠本能的指引满足自身需要，没有所谓的自由意志，因此，也就没有不道德的行为，当然也没有道德和美德可言。换言之，“正是由于原初人类从来没有脱离自然的善，他们没有道德属性”[1]，原始之人生活在前道德的状态，他愚蠢无知，受自然必然性支配，没有能力为善，也没有能力作恶。在卢梭看来，善与美德相去甚远，善源自自然的天性，而美德则与自然相对，与责任相关，它要求人意志自由并有能力进行选择。根据卢梭的观点，自然状态中的人还是非社会的、完全孤立于他人的，因为人与人之间没有相互需要而必须带来的结合，人在自然状态中是完全自给自足的、离群索居的，卢梭认为这是一种善和幸福的状态，而不像霍布斯所认为的“悲惨状态”。也正是由于人的孤立性使语言无法发展，使得自然人完全缺乏理性。由此我们可以看出，在启蒙主流推崇理性、认为理性具有至高无上的力量的时候，卢梭却否认了人天生是理性的动物，“理性来得比肉体的初级欲望更晚一些，理性是在满足这些欲望的过程中出现的”[2]。卢梭认为理性是人类历史发展过程中的产物，其力量也是有限的，因此仅仅依靠理性来建立政治社会远远不够，现代政治社会的构建不能不考虑运用人的道德因素。

其次，卢梭认为自然状态并非战争状态，而是完满的、和谐的状态。霍布斯将自然状态描述为“一切人对一切人的战争”，引起人与人之间普遍战争的主要原因就是：竞争、恐惧和荣誉。而卢梭对霍布斯列举的自然状态下的战争原因进行了反驳。卢梭认为大自然的多产和自然人的有限欲望不会使人们陷入无休止的争

1［美］普拉特纳：《卢梭的自然状态》，尚建新、余灵灵译，华夏出版社2008年版，第66页。

2［美］列奥·施特劳斯：《自然权利与历史》，彭刚译，三联书店2003年版，第279页。

斗。自然人的欲望主要是生理上的需要，而不是“文明人”的嗜好，对自然人来说，自然的产出很容易就能满足他的需求，因此，霍布斯所说的竞争关系在自然状态中并不存在。既然自然人能满足自身的欲望，那么人与人之间既没有结合的必要，也就不存在冲突，更没有理由互相猜忌，对他人的恐惧也就无从说起。卢梭还通过自爱心与自尊心的区分消解了人与人之间发生战争的第三个因素：荣誉。在《论人类不平等的起源和基础》中，卢梭提出了一组并行的对立，即自爱心和自尊心。前者是自然人和动物同样都具有的一种情感——自我保存的本能，是原初的、天生的、唯一天然的激情；后者是在社会中产生的情感，它是所有罪恶的源头，可能导致对自身不满和对他人的仇恨。在自然状态中，人只有自爱心，而没有自尊心，虽然自然人有时也想得到他人的东西，但他们没有伤害他人的欲望。综上可知，卢梭对霍布斯自然状态的批驳关键在于，他认为霍布斯将人在社会中才会产生的欲望混淆于人的自然状态之中，进而认为人为了满足这些欲望会陷入无休止的战争。事实上，自然状态中，人的有限欲望通过自身就易于满足，人与人之间相对孤立，自然状态总体上是一种和平状态。卢梭思想的张力也就体现在他一方面承认了现代政治哲学的基础问题，另一方面也坚持保留古典德性精神。

第三，启蒙思想家大多对科学和艺术将会带来社会的进步深信不疑，卢梭则提出科学和艺术的发展造成人的德行败坏，文明社会中人以异化的方式生存。现代社会是文明进步的结果，然而科学“使美德原则受到怀疑，它为了自身的繁荣而要求一个奢靡散漫的社会”[1]。卢梭认为自然状态中的“野蛮人”是自由、平等、幸福的，而进入文明社会之后，“文明人”却使自身陷入奴役之中，“怀疑、猜忌、冷酷、仇恨与戒备隐藏在礼仪的虚伪面目下面，隐藏在被我们夸耀为时代文明依据的文雅背后”[2]。文明社会的进步同时也使得人类道德退化，人越是融入文明社会，则越是离自己的本性更加遥远。“我们所谓进步，不过是一步步深陷于欲望不满足的泥淖之中”[3]。科学与艺术的发展也没有赋予人的生活新的价值，反而逐渐剥夺了生活的真谛。人类进入文明社会之后，文明的进步使人的自然秉性受到限制，随着私有制的产生，又造成了人与人之间的不平等，自然状态下的和平幸福生活被奴役、贫困和不幸取代，最终导致了人的异化的生存状态。异化表现在“文明人”的生产生活、思维方式等方方面面。“我们的种种智慧都是奴隶的偏见，我们的一切习惯都在奴役、折磨和遏制我们。文明人在奴隶状态中生，在奴隶状态中活，在奴隶状态中死：他一生下来就被人捆在襁褓里；他一死就被人钉在棺材里；只要他还保持着人的样子，他就要受到我们的制度的束缚。”[4]启蒙运动将理性从宗教束缚中解放出来，期望由此征服自然、推进人类文明，当启蒙思想家高举理性大旗之时，卢梭却看到理性成为了束缚人的新的力量。“正是这种能力，借助于时间的作用使人类脱离了它

1［美］阿兰·布鲁姆:《美国精神的封闭》，战旭英译，译林出版社2011年版，第251页。

2［法］卢梭:《论科学与艺术》，何兆武译，商务印书馆1963年版，第10页。

3［英］约翰·麦克里兰:《西方政治思想史》，彭淮栋译，海南出版社2003年版，第291页。

4［法］卢梭:《爱弥儿》，李平沤译，商务印书馆1978年版，第15页。

曾在其中度过安宁而淳朴的岁月的原始状态；正是这种能力，在各个时代中，使人显示出他的智慧和谬误、邪恶和美德，终于使他成为人类自己的和自然界的暴君。”[1] 启蒙精神由于其自身的内在逻辑最终站到了它的反面，启蒙最终沦为新的“神话”。这个结果是启蒙运动开始之初始料未及的。我们也看到，一个高尚的动机并不能保证一个可以控制的结果。

第四，卢梭批评了现代政治所造就的主导类型“布尔乔亚”，并以此出发揭示了启蒙导致的现代社会弊病，诊断了现代性的病原所在。按照布鲁姆所说，“布尔乔亚”一词是卢梭的伟大发明。布尔乔亚处于自然人与公民之间，“前者独自生活，只关心自己，关心自己的保存和满足，不关心他人，也因此不会伤害他人。后者完全为国家而生存，独独关心公共的善，只作为其中的一分子而存在，爱自己的国家，恨国家的敌人。两者以其自己的方式都是整全的。”[2] 自然人完全为了自己，是绝对的一；公民的价值则由他与社会体的关系决定，这两类人都是可资敬重的。布尔乔亚则是社会中的个人主义分子，他追求一己之私，其利益有求于社会，既需要社会及其保护性的法律，又不愿做出国家所需要的极端的牺牲；布尔乔亚也是伪善者，他将自己的意图隐藏于公益精神之下，依赖他人的帮助而不愿帮助他人；布尔乔亚的道德是金钱性质的，他的社会行为都要求回报。布尔乔亚自私虚伪，在盲目追求私欲之时变得迷失，既丧失了本性中的自然纯真，又缺乏公民对国家和社会的关心，变的堕落。卢梭认为这是现代社会病的典

1［法］卢梭：《论人类不平等的起源和基础》，李平沤译，商务印书馆 2009 年版，第 84 页。
2［美］阿兰·布鲁姆：《巨人与侏儒》，秦露等译，华夏出版社 2007 年版，第 236 页。

型，“无论是自然的诚实还是政治的高贵，他都无力担当。”[1]布尔乔亚与洛克笔下理性勤奋的人是同一类型，但卢梭与洛克对他们的评价的截然不同。“理性、勤勉之人也许是稳定的工具，但是依托于这样的人可能要付出人类尊严的代价。这两种看待现代性主角的方式之间的对比概括了过去两个世纪的持续的政治争论”[2]。卢梭将布尔乔亚与自然人、公民这两种理想人物对比，揭示出现代社会的新类型人物的堕落和启蒙理性导致的弊病，并期望能够通过教育实现对现代人的救赎。

第二节　道德教育的主题：塑造“自然人”和“道德公民”

正如卢梭在很多地方所断言的：人的天性是善的，是社会使他腐败。自然状态是和平与幸福的状态，但人类始终是向前发展的，随着历史的洪流人类进入了社会状态。“人的自然状态是完满的、和谐的状态；市民社会不能看作是其必然的结果。只是通过一系列偶然事件，人们进入一种不稳定的、令人不满意的状态，这种状态导致了市民社会的建立”[3]。也正是由于政治社会的建立，人成为社会的主体，使得他有机会成为了理性的、道德的生灵。政治社会的建立并不是要改变人的自然状态，而是意味着通过好的社会制度“改造人”，使人能够适应他们偶然达到的非

1 2 [美] 阿兰 · 布鲁姆：《巨人与侏儒》，秦露等译，华夏出版社 2007 年版，第 237 页。
3 [美] 普拉特纳：《卢梭的自然状态》，尚建新、余灵灵译，华夏出版社 2008 年版，第 65 页。

自然的社会状态，在人身上实现“自然人”与“好公民”的和谐统一。

一、从自然状态到社会状态

在卢梭看来，人类历史谱系中，自然状态是人的原初状态，自然人虽有自由、善良、孤独之美，但他终究要脱离令人流连忘返的自然状态进入社会状态。而促使人的转变形成的力量也恰恰来自人自身的“可完善性”，最终是人的理性完成了这一历史性的转变。卢梭虽然一再强调自然状态的美好，但他同时也认为人类历史是向前发展的，一旦人们从自然状态进入社会状态，便不再可能发生倒退。因此，最终只能依赖于公民德性的培育，为政治社会提供合格的行动者。

《爱弥儿》一书的前三卷描述了爱弥儿在进入社会之前的“自然状态”。在这一阶段，他被作为一个自然人来培养，他只有“自爱”，对他人的存在无动于衷，丝毫不受社会状态的影响，处于自由的自足状态；后两卷描述的是爱弥儿的“社会状态”，随着他开始进入社会，“自私之爱”出现，自然自足状态被打破，这时就需要通过同情和友爱对他进行道德教育，通过参与和了解政治生活使他成为一个政治社会的好公民。卢梭坚持认为，尽管自然人与公民之间存在着根本性的紧张，但他的自然教育仍然要培养公民。作为自然人的爱弥儿并不是反社会的，对爱弥儿的教育也正是要使他能够同众人一起生活。“想要培养自然人，并不是要让他变成一个野人或者把他送到森林深处；而是要将其置于社会的漩涡之中，只要不让他受制于人的激情或意见就足够了”[1]。

在“自然状态”中，爱弥儿是独立自足的“自然人”，只关注自己而不去管别人，对别人无所求，他在自然允许的范围内满足、快乐而自由地生活。但是当他一旦进入“社会状态”，他人介入到这种原本自足的状态中来，一切都变了。“他（爱弥儿）向那些同他相似的人投下的第一道目光，将使他把他自己同他们加以比较，这样一比，首先就会刺激他产生一种处处要占第一的心。由自爱变成自私之爱的关键就在这里，因自私之爱而产生的种种感情也就是在这里开始出现的”[2]。他人一出场，“自私之爱”——社会性的攀比、竞争、虚荣之心便出现了，“自私之爱”用“爱”的方式建造了人与人之间的战场，爱弥儿原本的纯真自足状态面临被瓦解的危险。进入社会的爱弥儿必然生活在一定的社会关系中，他在同他人保持社会交往的同时，又需要保持自足和独立，不被社会舆论和偏见败坏。对于爱弥儿的成长和教育来说，最大的挑战莫过于，他如何成功地从“自然状态”过渡到“社会状态”，由一个自然人转变为道德人。一方面，他必须尽可能地避免自然状态中形成的“自爱”受到扭曲，防止它堕落成“自私之爱”；另一方面，他更应该通过道德教育，学会规制“爱”的欲望，将“自爱”转化成一种理性和道德意义上的自律，遏制“自私之爱”所可能带来的“恶”的危险，将其引导到向善的良知状态中来，将自己从一位自足的“自然人”变成一个文明社会的理性和道德主体、一个真正的“自由人”。

1［美］马斯特：《卢梭的政治哲学》，胡建兴、黄涛等译，华东师范大学出版社 2013 年版，第 33 页。

2［法］卢梭：《爱弥儿》，李平沤译，商务印书馆 1978 年版，第 327 页。

换言之，卢梭所讨论的是“文明社会中的自然人”，而不是永远停留在自然状态的“自然人”。爱弥儿终有一天要进入社会，“自爱”将会面临自我中心主义式的“自私之爱”的挑战。当爱弥儿面临由“自然人”向“自由人”转变时，他必须经受道德教育才能度过这一次“爱”的洗礼，如何规制“爱”便成了道德教育的主题。可以看到，卢梭的道德教育目的不是别的，就是如何造就文明社会中合格的公民。这一点与古代教化观尤为接近，但是其本质内核却是现代性的。这种现代性话语是建立在哲学话语的现代转型之上，也就是说，政治哲学、教育哲学的合法性来源在于哲学话语的时代性转变。

二、道德的宗教化与宗教的道德化

卢梭认为现代理性主义启蒙哲学在摧毁了传统宗教和传统道德之后，非但没有给人们带来自由和幸福，反而将人们推向道德相对主义、怀疑主义，甚至虚无主义的深渊。但是，卢梭没有被这一困境压到，反而通过怀疑找到了通往真理和确定性的原则——自然宗教。卢梭在《爱弥儿》第四卷借萨瓦神父之口为自然宗教确定了三个基本信条，即其基本规定性：意志的自发性、上帝的设计和人的自由意志。自然宗教不需要任何人格神、宗教仪式和社会组织形式，区别于启示宗教。自然宗教也不属于任何特定的政治社会，而是单纯发乎自然个体的内心情感。“人在他的行动中是自由的，而且在自由行动中受到某种非物质的实体所激发”[1]。那么，自然宗教

1［法］卢梭：《爱弥儿》，李平沤译，商务印书馆 1978 年版，第 401 页。

同道德关怀之间究竟是什么关系？三个信条隐含着什么样的道德意义呢？

所谓道德，往往意味着人摒弃自私自利之心，设身处地为他人着想，关心他人的痛苦和命运。问题在于，一个人为什么要关心他人？在卢梭之前，对于这一问题有两种不同的答案。以基督教经院哲学为代表的传统自然法学说认为，人在自然上就有关心他人的倾向。但是，在霍布斯和洛克等现代自然法的代表人物看来，人在自然上只关心自己的个人利益，对他人的关爱不是出于对他人的关心，而不过是出于对其自身利益的理性计量。卢梭对以上两种解释均不赞成。就前者而论，卢梭和现代自然法论者一样，认为人在自然状态中只关心自己的存在，但就后者而论，他也不能赞同将道德完全还原为对自身利益的理性计算的观点。卢梭认为，人的理性并不足以奠定道德的基础，道德的基础是良知，真正的道德发自良知，而不是理性的算计。正如卢梭所说，“如果单单通过理智而不诉诸良心的话，我们是不能遵从任何自然法；如果自然权利不以人心自然产生的需要为基础的话，则它不过是一种梦呓”[1]。也就是说，一个人如果能够听从内心良知的召唤，那么他的行为就是善的，反之，就是恶的。倘若一个人的良知受到蒙蔽，那么他的理性程度越高，就越会助长他的“恶”。相应地，现代文明若是缺乏道德根基，它越是发达，给社会所造成的不平等、贪欲、罪恶和争权夺利反而越多。

良知作为一个核心概念贯穿了卢梭道德哲学的始终。卢梭以

1［法］卢梭：《爱弥儿》，李平沤译，商务印书馆 1978 年版，第 326 页。

良知为核心对道德教育进行思考，将对“自然宗教”的信仰作为道德教育的基础。道德的前提是人的“自由意志”，如果人没有自由选择的能力，则善恶与否的道德问题无从谈起。人一旦拥有自由意志则意味着每个人都应该为自己的行为负责，并且为善者需得奖赏，为恶者应受惩罚。这样一来，我们也就必须承认人的灵魂不朽，否则我们将无法解释今世善者遭恶报、恶者得善报的悖谬现象。灵魂不朽和善恶报应则预设了上帝作为一位终极审判者的存在。因此，道德和道德教育最终旨归于一种宗教信仰，“任何宗教都不能免除道德的天职，只有道德的天职才是真正的要旨；在这些天职中，为首的一个是内心的崇拜；没有信念，就没有真正的美德”[1]。这里的宗教不是传统的启示宗教，而是“自然宗教”，对自然宗教的信仰是出于人内心的良知。我们看到，作为西方文明史的一对重要范畴：启示与宗教，经过宗教改革与第一波次的现代哲人的不断分隔的努力之后，卢梭在这儿又不得不引入了改进过的宗教概念。这个宗教概念祛除了启示的因素，但是保留了上帝的位置。只有这样，才能完成现代哲人共和设计中合格公民的培养任务。

卢梭的道德哲学思想不仅推进了对传统启示宗教和传统道德的批判，同时把批判的矛头指向现代启蒙哲学自身。卢梭力图通过返回人的“自然状态”，在现代理性主义启蒙哲学的废墟之上重新建构现代社会的道德基础，将人从道德怀疑主义、相对主义甚至虚无主义的深渊中解救出来，克服启蒙哲学给人造成的多重分

1［法］卢梭：《爱弥儿》，李平沤译，商务印书馆 1978 年版，第 447 页。

裂，恢复人性本身的完整和统一。需要注意的是，卢梭提出的返回人的自然状态并非倒退至前文明的原始状态，而是在承认现代文明的前提下，使人成为既能保持自我独立，又能融入社会，既能追求自己的幸福，又同情关爱他人的道德主体。

简言之，卢梭就是要通过“返回自然”，建立对自然宗教的信仰，以此对人进行道德教化，重建现代社会的道德根基。卢梭肯定了宗教之于道德教育不可或缺的重要性。启蒙哲学固然可以肆无忌惮地批判否定一切宗教，但却不能否定宗教本身。因为道德实践和道德教育说到底是离不开宗教的，只不过这里所说的宗教已经不再是传统的启示宗教，而是一种发乎人之内心良知的自然宗教。而对“自然宗教”的信仰与其说是一种宗教信仰，不如说是一种道德教育的追求。

三、道德教育塑造现代社会的合格公民

在启蒙思想家为人类理性的进步弹冠相庆之时，卢梭以一种极端的方式向启蒙提出了挑战，他提醒人们不要被理性的能力蒙蔽双眼而忘却了理性的界限。卢梭一方面承认了现代政治哲学的诸前提，但同时重申人类生活和教育中的古典德性之维。卢梭期望通过自然主义的道德教育使人返回内在本性，唤醒心中良知，在现代理性主义启蒙哲学的废墟之上重建现代社会的道德基础，培育出现代政治社会所需要的、具有健全判断力、完整自足又可融入社会的合格公民，克服启蒙哲学给人带来的多重分裂，回复人性本身的完整和统一。

《爱弥儿》有一个副标题：论教育，它无疑是教育史上最具影响力的著作之一，但是卢梭的话题绝不仅仅是单纯的教育问题，而是牵涉到一个他所属时代的重大问题：现代哲人如何在推翻古典传统之后建构自身的传统。这一点上我们看到，卢梭的哲学不属于布尔乔亚式的自我满足，而是针对着时代的需求。书中卢梭提出了克服自然状态与社会状态之间冲突的方法，考虑的是民主共和政体需要何种教育的问题。也正因为如此，《爱弥儿》虽然在形式上是一篇教育成长小说，但这丝毫不影响它在卢梭心目中的重要地位。卢梭曾不止一次地强调《爱弥儿》是他所写过的最重要、最优秀的作品，“它毋宁是一本论述人性本善这一原理的哲学著作，作者曾在其他著作中提出过此一原理。为了协调这一原理和另一同样确定的原理，即人是恶的，我们有必要展示人性心灵史上一切邪恶东西的起源”[1]。可以看出，卢梭一方面在为《爱弥儿》的“哲学性”辩护，另一方面也明确了这部著作的核心论题在于如何将前社会的自然人培育成民主社会的公民。他在探讨教育问题的同时，寄托了对于人的自然本性的体察，而他所关注的基本问题则是自然状态与文明社会的根本对立。修补自然与社会的断裂是《爱弥儿》的主题，培育出“自然人”和“合格公民”是它的教育目标。这部著作极力抨击了传统教育的观点，主张自然主义教育，在世界教育史上引起了一场划时代的震动，其道德教育思想两百多年来影响和启发了世界各国无数学者的深入探讨，至今，他的思想仍占有崇高的学术地位，值得我们思考借鉴。

---

1 Roger D. Masters, *The Political Philosophy of Rousseau*, New Jersey: Princeton University Press, 1968, p.75.

在教育方法上，卢梭认为不能从理性的说教开始，教育的目标是培养人健全的判断力，而不是学习科学。在卢梭看来，启蒙运动教给人的仅仅是无聊的知识，其教育没有真正理解儿童，而是将小孩子看作大人，迫使其进行学习，完全忘记了他们成长为大人之前应该是什么样子。儿童被置于束缚之下，其自然冲动受到限制，被迫学习和记忆一些词句，根本不懂它们的含义，最终的结果只能使儿童学会一些毫无用处的表面现象。“孩子们因此只学到了表面现象，这类教育方法做足了样子，给人一副通过理性而教之以道德的形象，但最终会带来不道德的后果”[1]。卢梭的自然主义教育正是要避免这些缺陷，“教育方法应该遵循儿童成长各个自然阶段的发展”[2]，不应在儿童身上施加限制，而应允许其自由的成长，用“事物的必然性”教育学生，替代理性的说教。卢梭将其教育方法称为“否定性教育”，不给予孩子形式上的说教，而是让他们自由地成长。这样，孩子们不用被迫接受不是他们自由选择的学习内容，不会因为他人的权威接受任何东西，他们能够做自己真正感兴趣的事，学习自己能够理解的东西，天性和好奇心通过对周遭自然环境的体验得到最大程度的激发。

《爱弥儿》一书分为五卷，但这本书的结构远比表面看起来复杂。卢梭认为，人性的发展是连续的。在《爱弥儿》一书中，他区分了人性走向成熟的五个阶段，每一卷针对不同的人生阶段，

1［美］马斯特:《卢梭的政治哲学》，胡建兴、黄涛等译，华东师范大学出版社 2013 年版，第 42 页。

2［美］R・弗里曼・伯茨:《西方教育文化史》，王玉凤译，山东教育出版社 2013 年版，第 304 页。

根据爱弥儿自然发育和能力的不同进行施教。只有按照爱弥儿每个年龄阶段的需求配以相应的教育，他才能在每个阶段达到教育的圆满效果。考虑到卢梭的政治哲学的基本关怀，可以看出，卢梭将爱弥儿的教育设想为两大阶段，每一阶段分别把重点放在“自然人”和“政治公民”两个对立体的其中之一上面。

第一阶段是个体教育阶段，教育的目标在于促进“自然人”的发展。爱弥儿要学习与他相关的一切，通过与事物的关系研究自身。在个体教育阶段，爱弥儿处于文明社会之外，是自然状态中的孤独者，不因为他人的权威接受任何东西，唯一关心的是自己。在这一阶段对爱弥儿的教育应遵从“自然的秩序”，卢梭设计了具体的教育方案。首先，个体教育注重培养人的身体素质，通过教育锻炼爱弥儿的各种感官，完善感官的感知能力，使他能够在物的层面达到独立。其次，爱弥儿在接受个体教育的同时，还需注意防止别的知识和要求在他身上扎根，这也就是卢梭所说的“否定性教育”。第三，卢梭为爱弥儿创造了接受教育的自然环境——“乡村生活”，生活在这种环境中的爱弥儿与文明社会全然隔离，他能够免于社会的桎梏，无拘无束地成长，保持内在的自由。第四，卢梭认为人的痛苦不是来自缺乏，而是来自欲望，因此，在教育爱弥儿使用自然赋予的力量的同时，要限制他的欲望，使能力与意志之间达到平衡，这样才能使他的心灵保持宁静。通过个体教育培育出来的爱弥儿身体健壮灵活，独立自足，没有成见，在行为举止上能够不屈从于流行观念，除了自己的理性不服从任何权威。“他在人类社会中是独自生活的，他所依靠的只是他自己。他比任何人都更加依靠自己，因为这就是他在这个年龄所能做到的全部……用不着去打扰别人，他就可以在自然允许的范围内满足、快乐和自由地生活”[1]。

第二阶段是社会教育阶段，教育的目标是塑造政治社会的“道德公民”。对政制问题的思考历来都是衡量一位思想家思想段位的标志，卢梭无可置疑是有这种思考能力和抱负的哲学家，“我发现，一切都从根本上与政治相联系；不管你怎样做，是任何一国的人民都只能是他们政府的性质将他们造成的那样；因此，‘什么是可能的最好的政府’这个大问题，在我看来，只是这样一个问题：什么样的政府性质能造就出最有道德、最开明、最聪慧，总之是最好的人民”[2]。卢梭在对爱弥儿进行第二阶段的教育过程中，更是体现出他的民主政治理论。我们看到，进入青春期后的爱弥儿开始意识到自我与他人的关系，自私之爱不可避免出现了。这一方面造成了生活在政治社会中的自然人产生内在于自私中的恶，另一方面，也使得人的想象力越出自身，从而使建基于想象力之上的道德及其相关情感的产生成为了可能。卢梭对刚刚步入青春期的爱弥儿的教育首先是使他面对痛苦的他人，产生对同胞的“怜悯”，通过帮助他人，显示自己的力量，体会自身的善良。怜悯之情是爱弥儿道德教化的基础。卢梭认为自私之爱并不必然产生“仇恨和暴躁的激情”，如果将它推己及人，就可将其转变为德性，并在人的心中扎根。卢梭在“触动人心的关系性的情感”中发现了“怜悯”，这种情感能作为爱他人的基本根基和道德情感，也是将人们结合在一起的最初的黏合剂。然而，建立在面向一切

1［法］卢梭：《爱弥儿》，李平沤译，商务印书馆1978年版，第208页。
2［法］卢梭：《忏悔录》，范希衡译，商务印书馆1986年版，第500页。

人的怜悯之上的道德对于政治社会来说是远远不够的。教育的最后阶段，爱弥儿在与苏菲的爱情与婚姻中深刻体会到意愿与责任之间的冲突，他逐渐摆脱虚荣心和嫉妒心，学会将激情转化为道德情感，这为其成为合格的公民奠定了基础。婚姻既能体现自然法则，也映射着社会法则，既含有激情，也包含道德，它是自然欲望与社会责任之间张力的最好例证。同时，婚姻的基础是社会，所要经受的不仅是爱的考验，两人的心灵还必须被纳入社会之中全面秩序化，才能实现婚姻的幸福美满。经历这一过程的爱弥儿意识到道德的存在，并通过与他人的关系来研究自身，获得社会道德操守，这也将是他一生的事业。卢梭将婚姻中的责任进一步引向对社会的责任，通过社会契约来教育爱弥儿成为政治社会的合格公民。因为“只有用建立在契约之上的公民德性来取代那种没有力量的、人道的德性，才能避免邪恶的人们去成功追逐其自私之利，而以牺牲正直体面之人作为代价”[1]。人的自然欲望与社会责任之间的张力，必然要求通过缔结社会契约来进行化解。

在这里我们可以清晰地看到，《社会契约论》与《爱弥儿》在卢梭的思想中实际上互为表里。卢梭试图以订立社会契约的形式，通过形成“公意”，消除自然与文明、个人与社会的分裂。公意是在个别意志基础上提升出来、共同体中每个人的共同意志。表面上，遵从公意剥夺了人在自然状态中的自由，但事实上对公意的遵从体现出人的尊严，解除了社会一切人对一切人的战争。卢梭的社会契约要求每个人将自己的全部权利交出，既是向全体奉献

1［美］马斯特：《卢梭的政治哲学》，胡建兴、黄涛等译，华东师范大学出版社 2013 年版，第 85 页。

自己，也因此受到联合体的保护，最终获得道德的自由。“对他（卢梭）而言，自由并不意味着随心所欲，而是指克制和摒弃一切随心所欲，是指服从于个体为自身所设立的严厉而不可侵犯的法则。决定自由的真正特性的，不是拒斥或免除这一法则，而是自由地同意他。而这种特性是在公意，即国家的意志中实现的。个体毫无保留的为国家所掌控”[1]。

第三节　道德教育的意义：以德性为中心的重新奠基

按照查尔斯·泰勒的观点，“德性”是古典的传统，而非现代的发明，从某种意义上来讲，人对“德性”意识的自觉肇始于苏格拉底。但我们不能说现代教育哲学里没有道德教育的内容或者德性的概念，只不过这些概念在第一波次的现代哲人那里处于从属的地位。我们只要注意一下西方文明史的历次重要运动就能发现，启蒙运动之后紧跟着的就是浪漫主义运动，浪漫主义运动是对启蒙运动的反动，同时也是现代性的又一次开端。这个转折点上的代表人物就是卢梭。卢梭的成名作的主题就是科学与艺术对于敦化人伦没有好处。这正是对于前期现代哲人的反动。在此前的时代风潮中，哲人们着力做的就是将道德问题或者宗教问题还原为技术问题，用经济概念或者历史结构的概念去重新讲述关乎国家概念起源等重大问题的新理论。卢梭显然对前辈们这样处理

1［德］恩斯特·卡西尔：《卢梭问题》，王春华译，译林出版社2009年版，第48页。

问题并不满意。卢梭通过重新描述自然状态以及社会的起源绘出了一幅乌托邦的画面。这些画面充满了怀旧，而主题就是对于人类德性的怀念。卢梭的道德教育也是围绕这个问题展开的。

卢梭的道德哲学和道德教育思想在哲学史上具有承前启后的转折性意义。他的道德哲学既是对启蒙哲学的批判，同时开辟出道德哲学发展的新方向，成为了启蒙遗产中不可分割的重要组成部分。在启蒙的同道对“王冠和圣坛”展开史诗般恢宏战斗，卖力讴歌人类的理性之时，卢梭作为在启蒙内部首先制造出裂缝的人，毫不留情地批判了现代启蒙思潮带来的问题。他是“18 世纪第一位严肃看待帕斯卡对人的谴责，并感受到这种谴责的全部力量的思想家”。[1] 在启蒙精神的大合奏中，卢梭的声音是突兀而不和谐的，然而需要注意的是，其思想基调与时代精神并无根本冲突，卢梭的思想仍是启蒙精神遗留给我们的巨大财产之一。他的著作中重现了人的伟大与可悲，他所开启的道德哲学和道德教育使我们朝向更深刻的内在深度反思自身，成为当今我们反思启蒙现代性和现代教育绕不开的起点。

一、对德性至高无上地位的重新肯定

在普遍推崇理性的时代，卢梭着意强调德性的至高无上地位及道德教育的不可替代，开创出不同于启蒙主流思想家的叙述方式，提示着我们对启蒙可能带来的新的专制主义保持警惕。

1［德］恩斯特·卡西尔：《启蒙哲学》，顾伟铭等译，山东人民出版社 1998 年版，第 143 页。

启蒙主流思想家以个人权利不可剥夺为前提，期望通过缔结契约实现自然状态到公民社会的过渡。霍布斯认为自我保存是人的基本权利，然而由于人无止境的欲望与天然的匮乏造成了自然状态中一切人对一切人的战争，为了避免冲突，更好地自我保存，人们订立了契约，创造出“利维坦”。然而通过“投降的谈判”缔结出的契约只是个人意志的简单相加，“利维坦”成为了完全外在于人的强制性的力量，以契约方式联合的个人意志最终导致了个人意志的取消。

斯宾诺莎的政治哲学深受霍布斯的影响，甚至在很长一段时间内都被看作对霍布斯思想的继承，但如若我们仔细研读斯宾诺莎，就会发现他建立在自己的形而上学原则基础上的政治哲学具有鲜明的独创性。第一，斯宾诺莎对自然状态和自然权利的理解不仅仅局限于人，还包括除人以外的自然万物，并提出了“权力就是力量”。“自然之权是与自然之力一样广大的。自然之力就是上帝之力，上帝之力有治万物之权；因为自然之力不过是自然中个别成分之力的集合，所以每个个体有最高之权为其所能为。”[1]第二，斯宾诺莎认为自然状态中拥有理性的自由人是少数，他否定了自然权利与理性的内在联系，将自然法与理性法区分开来。斯宾诺莎认为自然不受人的理性法则的约束，自然权利与人的理性之间也没有内在关联。自然法只是自然因果必然法则的体现，本身并不具备道德约束力，也没有给人提供任何道德规范。第三，社会契约的订立和国家的建立不是依靠个人的理性而是诉诸激情

1［荷］斯宾诺莎:《神学政治论》，温锡增译，商务印书馆 1996 年版，第 212 页。

和“功利”的权衡。个人让渡权利给国家并非出于理性的选择，而是为了获得更大的利益，人们遵守契约和法律也不是出于道德的约束，而是功利的权衡。简言之，斯宾诺莎的契约既没有理性作为基础，也没有道德的内涵，而仅仅是一种权力关系，“就像斯宾诺莎在使用‘权利’这一术语时把它还原为‘权力’一样，他在使用契约这一术语时也把它还原为一种权力关系”[1]。最后，斯宾诺莎主张所有人将自己的全部权利让渡给社会全体，这样形成的社会是民主政体，既能保证国家拥有最高权力，又不会侵犯个人的自然权利，既能保障人的和平安全，又能保护人的自由，使人能够运用发展自己的理性。

斯宾诺莎虽然将自然与理性作出了区分，但作为坚定的理性主义者，他坚持认为只有遵循理性的教导，人才能做出既有益于自己又有益于他人的事情。政治社会的目的不仅在于使人联合、保障个人安全，更重要的是使人能够过上更好的生活，如果有理性的人联合起来，那么将更有利于人的自我保存并获得更大程度的利益。基于对人的理性的肯定，斯宾诺莎用“每人对于别人都是一个神”[2]来说明人与人之间的关系，由此与霍布斯的自然状态中“人对人像狼一样”的观点有明显区别。斯宾诺莎认为只有通过理性的启蒙，人才能摆脱迷信和蒙昧，实现人的自由解放。他之所以一再推崇民主政体，也正是因为他认为只有这种政治统治形式最能保护理性思考的自由，在这样的国家中，个人作为公民，他

---

1 Edited by J. H. Burns, The Cambridge History of Political Thought 1450—1700, Cambridge University Press, 1911, p.554.

2 [荷] 斯宾诺莎:《伦理学》，贺麟译，商务印书馆 1997 年版，第 195 页。

的思想自由受到国家法律保护，能够成为一个理性的自由人。然而，斯宾诺莎也认识到："人的心是不可能完全由另一个人处置安排的，因为没有人愿意或被迫把他的天赋的自由思考判断之权转让给别人"[1]。可以看出，斯宾诺莎对自由民主共和国的设计过于理想化，带有浓重的乌托邦色彩，使我们很难想象如何去实现它。最终，斯宾诺莎只能将他的难题交付上帝。

洛克是真正赋予"社会契约"理论现代意蕴的第一人。洛克的"自然状态"看似平静美好，实际上隐藏着诸多矛盾冲突。身处此世之人自身带有对于匮乏之物的强烈欲望，不完善的状态给人带来不安和痛苦。同时，自然状态中，大多数人很少甚至没有理性的自我统治或自由能力，人与人之间也存在着无法回避的冲突。由于自然状态中的"无政府"，个人的生命、财产、自由等自然权利得不到保障，这就促使人们订立契约，建立政治社会，将人的"自然权利"变成政治社会中由法律保障的"政治权利"。洛克的共同体是个人自愿转让部分权力的结果（个人保留了生命、自由、财产权），是经由自由个人的契约而产生的，其目的是为了更好地保护个人的基本权利不受侵犯。然而，这里的问题是如若丧失了德性之维，每个人仅出于"自我保存"、"功利幸福"的目的运用理性作出权衡算计，那么大多数人同意的契约还能够真正达成吗？

卢梭认为，从出于自我保存的利益原则出发达成的契约，妄图在不牺牲自身利益的前提下通过契约保障诸多"不可转让的权

1［荷］斯宾诺莎：《神学政治论》，温锡增译，商务印书馆1996年版，第270页。

利”，实现个人对于共同体的相对独立，已经被证明是完全失败的。启蒙主流思想家对个人与共同体之间的二元对立视而不见，而期望仅仅凭借理性及其工具化的应用使人获得幸福，最终只会导致人的堕落，使人陷入新的奴役之中。要弥合这种分裂，卢梭提出“德性”的维度，试图以之使我们的生活更加圆融自洽。卢梭的教育哲学理所当然也是围绕着“德性”这一主题。在卢梭看来，人们孜孜以求的科学进步与文明发展不仅无法成全人类的幸福，反而造成道德腐坏的根源。他提出以自然对抗文明，期望在彻底批判的基础上实现彻底的重建。卢梭敏锐地觉察到个人与公民社会要求之间的不和谐，他将实现自然与历史、人的天性欲求与文明社会的要求相协调的重任交予了教育。人类出生之时所没有而又为社会生活所需要的特质由教育赐予，人的整全统一的最终实现同样需要依靠教育。因此，卢梭将教育看作所有一切有益于人类事业中最首要、最重大的一件。通过教育塑造的“爱弥儿”弥合了自然与社会的分裂，他既有善好的德性，也拥有自由，既能实现个人意志，亦能遵从公共意志，是“自然人”和“好公民”的完美结合。

二、“公意”与道德教育困境

要祛除个人与社会、自由与义务之间的紧张关系，卢梭认为必须使个人意志符合“公意”。卢梭的《社会契约论》中有一个问题，从自然状态到文明状态的过渡需要契约。这个契约既是对于自然状态的回返也是对于文明状态造成的不平等的克制。契约需要一个化身，或者说需要一个实在的概念作为承担者。这个承担者就是“公意”，或者叫“一般意志”。这样，现代哲人创造了自己的另外一个基础概念。我们可以看到现代哲人不断地否弃传统的概念，而又不断地发明新的实在性概念。概念的实在性使得新构建的话语成为合法的、可理解的。“人民主权”、“自然状态”以及“自然法”等概念的发明与语法的新创作就是典型的例子。某种意义上，考察教育哲学的基础概念就是考察基础概念话语权力的转移与替换的历史。正是这一点使得福柯的知识考古学成为可能。卢梭的概念创制处在现代哲人一直以来的矛盾中：不断地在“实在”与“应在”之间摆动。卢梭前辈的一般做法就是将应在降低到实在的地位，或者将应在当成人类最普遍、最强烈的激情。这样实际上就将人类对于自身的理解降到很低的水平上。“应在”所具有的超验的权威性以及道德感的优越性越来越弱，而对“实在”的历史性知识描述具有了越来越重要的位置。卢梭处理这个问题使用的是“公意”这个概念。在卢梭看来它既是“实在”也是“应在”。客观化了的概念具有叙述的合法性。这使得“人民主权”具有一个具体的承担者。人们可以使用“公意”代替上帝的权威来宣判，以“公意”的名义开展革命运动。

这里可以看到卢梭展开的是一种崭新话语。他认为以德性为中心的教育哲学强调的问题是：不是明白人是什么而是明白人应该成为什么。教育的中心问题即在培养了解并承担“公意”的公民。所以我们可以看到，卢梭教育哲学面临的问题同样也是在这个“公意”的问题上。发明新的“应在”固然可以解决体系性的需要，但是也带来新的问题。公意的最大问题就在于它建立了新的合法性的标准。这个标准就是：不能普遍化的意志就是不合法的。这个律法在康德哲学中得到集中体现。但是问题是，这样一来，道德律就成为“人为自然立法”，就成为纯粹主观的、历史性的、形式化的律令了。实际上，我们可以看到，卢梭的后继者康德在《实践理性批判》中，集中处理的难题就是这个会导致道德虚无主义的问题：道德律不再是客观的了。以康德为代表的近代哲人一直以来想解决的问题就是如何克服道德虚无主义的问题，而这个问题导源于卢梭以及比卢梭更早的现代哲人。这个问题也是教育哲学中道德教育部分最大的难题所在。“虚无主义时代道德教育为何失效？”如果不清楚这个问题的思想史渊源，就很难搞清楚原因。并且，更不堪的结果可能是将导致道德虚无主义的原因当成医治虚无主义的药方。这种饮鸩止渴的事情在我们当前的教育思想领域并不少见。在明白了这个问题之后，我们就能明白卢梭教育哲学中的创新与后遗症并存，就会明白我们现在教育哲学中的最大难题之一：道德虚无主义的问题的起源。这是我们研究卢梭哲学对我们教育哲学研究的最大启发之一。我们现在需要看清的是，解决办法何在呢？或者恢复一种传统的关于德性问题的言说方式；或者按照现代哲人的设计，继续完善理想政制的设置，使之避免各种问题与危机。我们正处在这个历史的展开之中。

三、道德哲学对现代政治思想的影响

卢梭的道德哲学对德国古典哲学家产生了重大影响。康德、费希特、谢林以及黑格尔等关于道德和宗教问题的思考无不笼罩在卢梭设定的语境之中。康德多次谈到卢梭是他的主要思想来源之一，在他的《纯粹理性批判》中提出的“二律背反”、实践理性的三个“道德公设”等，在很大程度上是对卢梭思想的继承和改造。在德国古典哲学之后，现代激进无神论者对宗教进行了激烈批判。在他们看来，宗教既没有存在的可能，更没有存在的必要。费尔巴哈认为一切宗教从本质上来说都是“人的本质的对象化”，马克思更进一步将宗教看作“人民的鸦片”，尼采则直接宣称“上帝死了”。此时，我们如果回头重新研读卢梭的道德哲学会发现，卢梭一方面固然是用“自然宗教”在为现代人奠定道德根基，另一方面也警示众人这个根基并不可靠。“他有关个体的道德教导就是建立在形而上学和自然宗教的观念之上的，并且这种观念又与其有关人的生理和心理发展的分析分离。此种典型的二元论导致卢梭的政治学说只获得部分接受，却导致他的道德教诲被彻底抛弃了（颇具意味的是，其教育方案剩下的大部分内容却得到了接受）。”[1] 现代世界中的一切宗教，包括卢梭的“自然宗教”，无一不是人为制造的“鸦片”，一种自欺欺人的形而上学谎言。但现代人注定无法摆脱这种“鸦片”的诱惑。因为，一旦失去了它，那么现代人的道德基础必定立刻土崩瓦解而陷入虚无主义的深渊。事实上，当卢梭在否定传统宗教，并将“自然宗教”作为一种道德预设推上前台之时，他已经潜在地为后代哲学家费尔巴哈和马克思，甚至尼采做好了铺垫。

卢梭的思想亦被看作现代政治哲学的分水岭。他同早期现代

1［美］马斯特：《卢梭的政治哲学》，胡建兴、黄涛等译，华东师范大学出版社 2013 年版，第 551 页。

政治哲学家一样，认为国家是一种人为的契约创造。缔造契约的关键在于权利的转让。但与霍布斯、洛克不同，卢梭认为社会契约应是一切人将自己的一切权利转让给一切人。这样一来，社会契约产生的结果就是“公意”的形成。公意并非一个集合概念，它高于众意之和，以公共利益为出发点和归宿，并保证着个人享受他的自由和人人平等。在国家之中，人的理性为自己立法，并自觉守法，法律不再是一种外在的异己的力量，而是一种道德意义的自律，人既是被统治者，又是统治者。正是通过自我立法，人从与动物无异的欲望主体变为了自由的道德主体。“唯有道德的自由才使人类真正成为自己的主人……而唯有服从人们自己为自己所规定的法律，才是自由”[1]。自由与服从并不矛盾，服从公意以及公意的化身为自由。个人如果不服从公意，则是不愿自由，那么作为公意化身的法律可以强制其自由。由此，卢梭肯定了个人的自由，为现代国家重新奠定了道德正当性的基础。这里值得注意的是，在卢梭那里，自由概念绝不仅仅是外在的自由，或者权力的制限，卢梭更多的指的是人道德上的自由。这种自由观在康德的善良意志说和自由观中也有着深刻的回响。在康德那里，不仅仅是自由观，在关于道德基础的看法上都直接承继了卢梭的道路，在此道路上继续推进，并使得这条道路的问题也暴露无遗。

从政治哲学的角度不难发现，近代以来，德国唯心论继承了卢梭的思想，力图推进个人与国家统一，使国家成为个人自由的最终实现。黑格尔认为只有在国家之中个人的自由才能真正实现。

1［法］卢梭:《社会契约论》，何兆武译，商务印书馆 2003 年版，第 30 页。

黑格尔对国家进行了高度肯定，认为国家是“自由的现实化”，是“地上的精神”，现代国家是“世界历史”的终点。但是，黑格尔的国家学说几乎遭到包括马克思在内的所有现代思想流派的一致批判。马克思认为，国家的本质是阶级矛盾不可调和的产物，不仅无法实现人的自由，更会带来人的异化。因此在马克思看来，只有国家彻底消亡，人才能获得真正的自由。两者都是在追求真正自由或者最高自由的名义之下展开自己的论述的。这一点值得我们注意。有趣的是，如同黑格尔对国家的高度肯定是来自卢梭一样，马克思对国家的否定同样可以追溯到卢梭。卢梭不只对国家的道德正当性进行了论证和肯定，同时其思想也包含了对国家的彻底颠覆和否定。卢梭认为，“人是生而自由的，但却无往不在枷锁之中”[1]。人在自然中本来就是纯粹自由的自然人，他同道德意义的自由人是完全对立的。一切国家，哪怕是最完美的国家，都是束缚人的自由的枷锁，因此都是不正当的。就这一点来说，卢梭将个人与国家的对立推到了极端，其程度远远超过他所批判的早期现代政治哲学家。

卢梭是一个时代的诊疗者，他以诗人般的敏感意识到了现代文明可能给人带来的灾难性后果，激烈批判了新时代到来的泥沙俱下。卢梭又如同一位前瞻者，“文明人除了他的邪恶，他的需要和他的苦难以外，还打开了多少通向痛苦和死亡的大门”[2]。回首过去的两个多世纪，历史和现实似乎一一印证了他对未来的苦涩预

---

1 [法] 卢梭:《社会契约论》，何兆武译，商务印书馆 2003 年版，第 8 页。

2 [法] 卢梭:《论人类不平等的起源和基础》，李平沤译，商务印书馆 2009 年版，第 133 页。

言。卢梭的道德教育思想以自然状态与文明社会的根本对立为基本问题，主张自然主义教育，以塑造“自然人”和“道德公民”为道德教育的根本目标，呼唤返回人的“自然状态”，试图以“自然宗教”力挽道德危机的狂澜。卢梭的教育思想作为对第一波次现代哲人所提出的教育设计方案的修正和补充，推进了现代教育思想的进一步发展，对当代社会教育问题的预言和启示都是极其巨大的。在卢梭身上体现出的矛盾也是共和设计中的问题，卢梭的转折对我们理解西方民主共和的设计以及公民宗教的设计都具有现实意义。

第四章　现代教育哲学的革命性方案：马克思的教育哲学

马克思的教育思想以他的哲学思想为前提，教育思想是其哲学思想的具体体现。19世纪上半叶，伴随着社会进入新的历史发展阶段，欧洲主要国家教育实践蓬勃发展。马克思在实践唯物主义和唯物史观的基础上，深入分析了资本主义语境中的教育问题，带来了现代教育的革命性变革方案。马克思提出由于资本主义生产方式本身的内在矛盾和启蒙运动之后的理性主义扩张，导致了人的普遍异化，造成了人的“价值丧失”和“意义丧失”，这构成了现代教育的问题域。马克思以人的本质为逻辑起点，从新的理论视域深刻揭示了现代教育的本质及其目的，对实现人的全面发展的现实途径进行了积极探索，最终形成了他的“教育革命”思想。马克思的教育思想一方面继承了启蒙精神的思想理路，更为重要的是他立足于对“人的本质”这一问题的科学回答，在哲学、政治经济学、教育学、社会学的广阔视野之下，将对政治社会的关怀与教育改革问题密切联系，最终实现了对启蒙时期教育思想的超越，达到了教育理论发展的新高度。马克思的教育哲学思想至今仍有旺盛的生命力，对当今教育理论创新和教育改革实践具有不可替代的启示意义，正如德里达所说："不能没有马克思，没有马克思，没有对马克思的记忆，没有马克思的遗产，也就没有将来。"[1]

第一节　马克思教育哲学思想创立的历史语境

19世纪上半叶，欧洲主要国家进入资本主义高度发展的阶段，科学技术在生产中的广泛应用带来了生产力的飞速提升，社会面貌发生了翻天覆地的变化。在崭新的历史条件下，资本主义国家教育蓬勃发展，教育理论层出不穷，教育实践不断创新。马克思敏锐地觉察到教育领域的变革要求，在对时代经济、文化、政治制度进行深入考察、对主要教育理论的批判的基础上，创立了他的教育哲学思想。

一、马克思教育思想产生的历史条件

马克思指出："人们的观念、观点和概念，一句话，人们的意识，随着人们的生活条件、人们的社会关系、人们的社会存在的改变而改变"[2]。任何伟大的思想都是时代的产物。马克思的教育思想也深受他所处时代的科学技术、经济、政治、教育等方面的影响。

1［法］德里达：《马克思的幽灵》，何一译，人民大学出版社1999年版，第21页。
2《马克思恩格斯选集》第1卷，人民出版社1995年版，第291页。

18世纪后半叶，随着工业革命和社会分工的发展，生产力大幅提高，这一方面改变着人们的生产生活方式，另一方面也使生产关系发生了重大变革。欧美主要国家得益于生产力水平的提高，经济得到空前发展，资本主义制度在人类历史上第一次确立了它的统治地位。工业革命使以机器为主体的工厂制度取代了以手工技术为基础的手工工场制度，资本主义的雇佣劳动关系得以确立，资本家和生产者这两个彻底对立的阶级由此形成。丧失了生产资料的生产者，只能忍受资本家的剥削，成为机器的一个“活的部件”。工业革命带来的生产技术革新，也使机器大生产广泛应用到各个生产部门，而大生产对劳动者的知识、技能都提出了一系列新的要求，当时的教育受到生产力发展的影响也发生着巨大的变革，教育为适应工业革命的需要而进行着各种改革。

工业革命带来的工业发展，要求产业工人必须经受一定的教育和训练以便他们能胜任自己的工作需要，成为机器大生产的合格劳动者，而具有一定知识的劳动者又能为资本家带来更为丰厚的利润。出于对增加价值的渴望，资本家更加重视教育并使之迅速发展。19世纪上半叶，英国教育在工业革命影响下取得较大发展。到19世纪末，英国已经形成国立的强制性初等教育。法国经历工业革命和启蒙运动之后，新兴资产阶级在教育上反对教会对学校的垄断，试图按照资产阶级的要求改革教育。到19世纪，法国已经形成由初等教育和中等教育组成的教育体制。法国的教育体系还呈现出高度中央集权化的特征，在教育过程中，注重国家主义的宣传，向青年人灌输法兰西道德传统，把他们培养成忠诚的爱国者。德国在经历了普法战争的惨败之后，期望通过教育改革实现普鲁士的崛起。19 世纪，德国发展出一套国家严格控制的初等学校系统，大部分人只能接受初等教育，学习未来低级职业需要的相关知识，成为循规蹈矩热爱政府和国家的公民。而为数不多的上等阶级公民则能接受中等教育，学习包括希腊文、拉丁文和数学等在内的知识，为日后进入社会上层和领导地位奠定基础。总体来看，到 19 世纪，欧洲主要国家在工业革命影响之下教育有了较大发展。但是，学校为资本主义生产、为资产阶级利益服务的特性显而易见，国家通过初等教育要培养的就是安分守己的生产剩余价值的劳动机器。恩格斯对当时的教育状况作了这样的总结："既然资产阶级所关心的只是工人的最起码的生活，那么我们也就不必奇怪它给工人受的教育只有合乎他本身利益的那一点点，而这一点实在并不怎么多"[1]。

资本主义社会的种种教育问题也成为马克思和恩格斯教育革命思想诞生的动因之一。他们详尽搜集了当时有关童工及其教育问题、国民教育、学校教育等的大量材料，系统分析了当时社会的政治、经济以及教育现状，在对教育思想史上优秀成果进行批判性继承的基础上，制定了无产阶级在教育方面的斗争纲领，提出了系统的教育革命思想。

二、马克思教育思想产生的理论前提

在教育学成为一门独立的学科之前，它一直作为哲学的一个

1《马克思恩格斯全集》第 2 卷，人民出版社 2005 年版，第 395 页。

组成部分而存在；教育学成为一门独立的学科之后，也一直与哲学保持着天然的联系。同时，教育的发展还深受社会政治经济的影响。马克思的教育思想也不例外，从理论谱系的角度来看，他一方面批判了启蒙精神的思路，另一方面也深受古典政治经济学以及德国古典哲学的影响。

（一）对启蒙精神的批判与继承

所谓“启蒙”，其本意在于引导人类走出蒙昧，在理性之光的照耀下为自己立法，构建现代政治社会。启蒙精神指引我们走出“自然洞穴”走向一个开放的世界，它本身强大的批判力量促使人类精神不断自我更新，其思维方式亦不断驱使人们观念的变革。关于启蒙精神的理解有狭义与广义之分。狭义的启蒙专指 18 世纪法国的启蒙运动及其形成的主要精神。而广义的启蒙从时间上则可以推至文艺复兴时期，其主要内容呈现为 17 世纪以来西方世界逐步形成的精神气质，甚至涵盖了整个近代西方社会的基本精神状态。启蒙时代犹如个人成长所必经的阶段一般，是整个人类思想发展成熟的必然过程，启蒙精神也当之无愧就是自己时代精神的精华。马克思的思想不仅深受启蒙精神的影响，其萌发形成可谓身处启蒙之中。但是，我们更应看到马克思不是消极地接受启蒙精神，而是批判性地汲取了启蒙精神中的合理因素。他基于对其身处时代的物质生产条件和资本主义生产关系的深刻洞察，批判了启蒙精神中所认定的“理所当然的原则”。在《神圣家族》《德意志意识形态》《反杜林论》等著作中，我们都可以看到马克思从不同的理论视角对启蒙精神进行了哲学批判。

启蒙精神首先是一种批判精神，可以说，启蒙的时代就是批判的时代。启蒙精神对现存的一切都进行了无情的批判，批判的目的在于唤醒人的理性，将人的从外在权威的束缚中解放出来，使人的主体性地位重新获得尊重，实现人的解放和自由发展。启蒙精神将理性、科学、进步作为根本价值诉求，并用以作为评价一切的法宝，企图以此消解作为其对立面的神学。然而当现代人历经了启蒙弃暗投明的过程之后却发现，我们所达到的并非启蒙期许的光明世界，从“自然洞穴”出走后人类又进入了其为自身打造的“人造洞穴”。由于启蒙激进的批判取向及其内在困难，最终使得启蒙精神走向了它的反面，立意于将人从神话中解放出来的启蒙最终成就了压制人的新的“神话”，人再度陷入被启蒙确立的权威奴役控制的尴尬境地。从后果来看，启蒙并没有如他承诺一般，通过重新肯定人的理性，最终实现人的自由和解放，反而在其“宏大叙事”的背后隐匿着充满压制的新的霸权。

于现代教育而言，它的焦虑与前途都与启蒙精神深深纠缠在一起。启蒙运动本身即是一场巨大的教育运动，自其创发以来便持续塑造着现代精神方式，教化着现代人的灵魂。现代教育自其萌生之日便随着启蒙理性成为时代精神而正式成为社会生活的一部分，它逐渐走出家庭和教堂，获得了它的独立的合法地位。更为重要的是，启蒙运动使人们打破了宗教神权的樊篱，个人的价值和尊严得到尊重，“我认为人类自身像这样被尊重是时代最好的标志，它证明压迫者和人间上帝头上的灵光消逝了”。[1] 随之

1［德］黑格尔：《黑格尔通信百封》，苗力田译编，上海人民出版社 1981 年版，第 43 页。

而来，接受教育也不再是仅限于少数人的特权，而成为一种世俗的、人人得以享有的权利。随着科学技术的发展，大工业生产的需要，更使得人人接受教育不仅成为可能更是社会发展的必然要求。同时，教育的主要使命和话语形式也在启蒙运动之后空前逆转。笛卡尔、培根的理论既突出体现了理性奠基的精神，其基本叙述模式也奠定了科学话语的结构，自然科学逐步完成了它的理性化过程，成为寻求真理的理性活动，人们对世界的理解也逐渐趋于机械化。随着近代自然科学突飞猛进的发展，科学话语成了宰制性的话语方式，现代知识基本样式的构建无可幸免地深受影响，现代教育的精神气质随之形成，“现代教育可以说是以科学知识为主要内容，以满足个体和社会的世俗需要为主要目的，以大众化为主要发展方向，以理性启蒙为主要理念的教育”[1]。

极力张扬人的主体性地位、倡导理性主义精神、崇尚科学力量、引领世界“祛魅”的启蒙精神及其所形成的价值观深刻影响着现代教育，在遗留下巨大财富的同时也留下了更为复杂的难题等待我们解答。启蒙建立了自身新的传统，获得了统治性地位。现代教育设计正是配合这种新传统的形成与精神内核的品质建立起来的。现代教育既是新的时代精神的反映，也是时代难题的展示。在马克思看来，启蒙树立的新的权威在资本主义社会的化身就是资本，掌握着专制霸权的就是“人格化的资本”，即资本家。马克思深刻洞察了启蒙本身的自反性，他的教育哲学思想也正是

1 石中英：《知识转型与教育改革》，教育科学出版社 2001 年版，第 113 页。

要扭转启蒙带来的人在资本主义社会无家可归的悲惨命运。现代社会的问题说到底是文明命运的问题。从现代思潮展开以来，卢梭到马克思再到尼采、海德格尔、哈贝马斯等西方哲人就不断地试图解决这些问题。我们对这些问题的起源以及各种解决方案仔细梳理，有利于我们思考作为中国文明应该怎样选择自身的道路。毕竟，教育不是别的，既是政治设计的基础部分，又是整个文明方向的基础部分。

（二）对古典政治经济学的批判和继承

古典政治经济学在探讨资本主义经济发展的同时，对教育提高人的劳动能力、分工对个人发展的影响、普及国民教育等方面提出过许多重要思想，他们站在新兴资产阶级的立场，揭示教育与经济的内在联系，翻开了教育学说史上崭新的一页。其中有关教育问题的合理思想因素是马克思教育思想的一大重要来源。

古典政治经济学家认识到生产力的改进很大程度上取决于劳动者劳动能力的提高，这为揭示教育与经济社会的内在联系奠定了重要的基础。“要增加一国土地和劳动的年产物的价值，没有其他的办法，只有靠增加生产性劳动者的人数，或增进以前所雇用的生产性劳动者的生产力”[1]，劳动生产力的提高除了依靠劳动工具改进之外，便需要增强劳动者的生产技能，而劳动者生产能力的提高又有赖于教育。古典政治经济学家强调技术化分工对提升生

1［英］亚当·斯密：《国富论》，杨敬年译，陕西人民出版社 2001 年版，第 384 页。

产率、增加国民财富方面具有积极作用，同时他们也看到分工导致的人的发展的消极后果：人类才智的养成很大程度取决于其日常职业，而技术化分工使贫苦劳动者局限于单纯的简单操作，造成了个人才干单一，人与人之间在智慧和能力发展上产生了明显区别。在《国富论》最后一篇谈到教育问题时，亚当·斯密提出分工使人局限于少数极单纯的操作，呆板单调的生活致使其肉体上的活力损坏，更没有机会来发挥他的智力。“他在自己的专门职业中的技能是靠牺牲他的智力的、社会的和军事的德性而取得的。但是，在每一个工业的文明的社会中，这是劳动贫民即广大人民群众必然陷入的境地”[1]。劳动者素质低下严重影响生产力的提高和经济的繁荣，最终将阻碍国家的发展，因此教育的重要性更加显而易见。

基于对技术化分工对人的发展的消极影响的认识基础上，亚当·斯密提出国家应承担起教育国民的责任，社会公民应在少年时期就受到应有的教育，待其成年之后，便能掌握社会生产所需的必要知识和技能，也可以避免由分工造成的人的身心方面的萎缩，培养出资本主义社会生产所需要的各类人才。从这里可以看出，亚当·斯密倡导的国民教育与古典教育、启蒙时期的教育大相径庭，教育成了商业社会的有机组成部分。他的国民教育其实就是职业技术教育的基础。亚当·斯密还对大学教育进行了严厉的批判。当时的大学所教授的主要是哲学、神学、伦理学等内容，而亚当·斯密认为大学的教育内容应注重让学生学到对商业社会

1《马克思恩格斯全集》第23卷，人民出版社1972年版，第401页。

发展有用的东西，大学的教育应该为经济生活服务，教授给青年的应该是各类实用技术性的、有利于商业化的知识，让他们学习获得财富以及积累财富的能力。亚当·斯密认为国家应当重视劳动人民的教育，因为与有产阶层比较起来，普通人民几乎没有受教育的时间，而这些人的教育，要比有产者的教育，更需要国家注意。因为通过教育不仅能提高劳动者的生产技能，增加国民财富，也能提高国民的道德水平，减少迷信狂热，稳定社会生产生活秩序。

古典政治经济学家看到资本主义制度带来的技术化分工使人出现了片面发展，他们站在维护分工制度的立场上倡导普及国民教育，希望以此提升劳动人民的生产技能，防止人民群众身心的完全萎缩，维护资本主义社会稳定的生产生活秩序。马克思汲取了上述思想中的有益成分，他在创立分工理论时，多次引用了亚当·斯密关于劳动分工与个人发展之间关系的论述，并赞赏亚当·斯密对劳动分工造成工人片面发展作出了很有意义的描述。但我们也应看到，亚当·斯密对教育的看法完全出自技术化劳动分工原理，违背了人的教育的基本原理，是非常短视的。按照卢梭的观点，大众化、商业化、实用技术化的教育并不是真正的教育。马克思在古典政治经济学教育观念的基础上揭示出，人类的发展在开始时可能需要牺牲多数个人甚至整个阶级来实现，但随着人类历史的向前发展，我们最终能够克服这种对立，使社会与个人的发展相一致，并且教育的价值诉求并非单纯是提升人的生产技能，其最高追求是人的自由全面的发展，这就给教育改革指明了前进方向。

（三）对德国古典哲学的批判和继承

德国古典哲学是马克思思想重要的理论来源之一，它对马克思教育思想的形成也起到了重要作用。我们这里不能涉及德国古典哲学的所有人物，主要就黑格尔的教育思想及其对马克思教育思想形成的影响作一些分析。

黑格尔认为自由是人的本质，但人并非生而自由，要完成自在的自由向自为的自由的飞跃，需要教育作为中介环节。教育是塑造人性的艺术，其根本任务就是培养人的自由能力，主要途径则是通过家庭、市民社会和国家的共同努力。

按照黑格尔，自由使人不同于万物，是有理性的人所特有的。这里的自由主要指意志的自由。自由又分为自在的自由和自为的自由，自在的自由为人人所拥有，但要获得自为的自由则需要进行训练。具体而言，要完成从自在自由到自为自由的过渡，使人从野蛮的无教养状态变为一个有教养的文明人，后天的教育必不可少。人性的完善离不开教育，“这种教育不是将人培养为工具，而是将人塑造为自由的存在”[1]。由教育的目的所规定，教育的核心就是人的自由能力的培养。黑格尔又将人的自由解放分为外在自然的解放和内在自然的解放两个方面，那么人的自由能力理所当然也包含两层含义：一是通过学习科学知识和生产技能实现外在自然的解放；二是通过提高社会生活能力实现内在自然的解放。人的自由能力的培养也就分为通过劳动教育培养人的劳动能力和

---

1 高兆明：《自由视域中的教育》，《中国德育》2006 年第 9 期。

通过伦理教育培养社会生活能力两个方面。

黑格尔认为，教育的责任是全方位的，只有通过家庭、市民社会、国家三个不同的伦理实体环节，才能完善人性，培育出有良好教养的合格的国家公民。家庭以爱为规定性，父母承担教育子女的责任，核心是为子女灌输伦理原则，认识与接受社会的规范，去除子女基于自然本性的“任性”，目的在于使其一方面成为家庭伦理实体的一员，另一方面也成为具有独立自由人格的公民。市民社会是家庭和国家的中介环节，监督父母是否履行了教育子女的义务。严格地说，家庭教育和市民社会教育都属于国家教育的一部分。黑格尔认为“由于国家是客观精神，所以个人本身只有成为国家成员才具有客观性、真理性和伦理性”[1]。教育的最终目的是培养有良好教养的合格的国家公民。人作为社会性的动物，其行为必须符合自然规律以及社会伦理和法律。只有经过教育，一个人才能成为具有良好道德的合格公民，才能获得自己存在的价值和尊严。

在黑格尔的思想中，人的本质的实现与教育之间的辩证关系得到了合理的说明。黑格尔认为，人的本质在于意志的自由，人性的完善过程就是自由的实现过程，在这一过程中，教育发挥着至关重要的作用，它能够使人从纯粹的自然性中解放出来，培养人的自由能力，实现精神的自我解放，使人超越自在的自由，实现自为的自由。黑格尔的教育理念启迪了马克思的教育哲学思想，其辩证法思想为马克思创立辩证唯物主义，并以此为工具分析教

1［德］黑格尔：《法哲学原理》，范扬、张企泰译，商务印书馆 1961 年版，第 254 页。

育问题奠定了理论基础。

第二节　马克思教育哲学思想体现的革命性变革

在欧洲历史上，随着工人阶级觉悟不断提高，他们逐渐认识到自己的历史地位和作用，随之提出了争取受教育的机会和权利的要求。马克思敏锐觉察到无产阶级在教育领域的变革要求，并且在资本主义的语境中对教育进行了深入的考察，提出由于资本主义生产方式和启蒙理性的扩张，导致了人的普遍异化和片面化。马克思在批判资本主义教育的同时，从人的本质出发，在实践唯物主义和唯物史观的指导下，从全新的理论视域深刻揭示了现代教育的本质及其目的，对实现人的全面发展的现实途径进行了积极探索，最终形成了他的“教育革命”思想。

一、解开“人的本质”之谜

从诞生之日起，人类便开始了对自身的思考。对于“人的本质”这一问题的追问，更是哲人关注的永恒的话题。教育是人类所特有的实践活动，人在教育中既扮演着教育活动的主体，又是接受教育的对象，教育的过程也就是人性自我完善的过程。对于“人的本质”的反思是教育哲学首先需要回答的基本问题。马克思基于唯物史观和实践唯物主义正确把握住了人的本质，以此为出发点，最终超越了启蒙时期的教育思想，提出了现代教育的变革方案。

何为“人的本质”？古希腊哲学家普罗泰戈拉提出“人是万物的尺度”，苏格拉底将哲学从天上请回人间，强调“认识你自己”，柏拉图认为灵魂是人的本质，亚里士多德主张“人是政治的动物”。经历了中世纪经院哲学之后，文艺复兴重新肯定人的尊严与价值，启蒙运动重燃人类理性之光。在德国古典哲学中，黑格尔推崇绝对理念，认为自由是人的本质，费尔巴哈颠覆性地批判了黑格尔哲学，以感性的、自然的人来理解人的本质。马克思对于这一问题的回答与前人截然不同，下面我们将对马克思的人的本质的思想形成进行具体分析。

前文已谈到，黑格尔认为自由构成了人的本质，确立起人类精神与自由之间的必然联系，以思辨的方式揭示了人的自由本质和人类历史发展的普遍规律。费尔巴哈站在唯物主义的立场，对黑格尔关于人的本质的观点予以批判。他指出黑格尔抽象假定了“人以外的人的本质”，它“缺少直接的统一性，直接的确定性，直接的真理。”[1] 费尔巴哈用感觉论和直观经验驳斥黑格尔的抽象理性的思辨，强调人的内部感性，以理性、意志、心等作为人的类本质来理解人与动物的本质区别。“凭借抽象为媒介的实体，因而是一个可以怀疑的实体。只有感觉的对象，直观的对象，知觉的对象，才是无可怀疑地、直接地确实存在着的”[2]。我们可以看出，费尔巴哈在批判黑格尔关于人的本质的观点时，其根本出发点呈现出感觉论和直观色彩的明显特征，因此他不可避免地具有狭隘

1［德］费尔巴哈：《费尔巴哈哲学著作选集》上卷，三联书店 1959 年版，第 105 页。
2［德］费尔巴哈：《费尔巴哈哲学著作选集》下卷，三联书店 1959 年版，第 170 页。

的感觉论者和经验主义者的缺陷。他对人的本质的理解最终并没有超越他所批判的唯心主义观点，并在历史领域最终又陷入了唯心主义。

马克思对人的本质的理解在其思想形成发展的不同阶段呈现出不同的内容，随着其思想的逐步成熟，最终形成关于人的本质的独特见解，创造性地回答了教育哲学中的这一基本问题，为实现教育哲学思想革命性变革奠定了理论基础。

青年时期的马克思深受黑格尔影响，在其诸多作品中都特别强调自由是人类本质，“自由是全部精神存在的类本质”[1]。随着费尔巴哈哲学的出现，黑格尔哲学受到强烈冲击。费尔巴哈在《基督教的本质》中提出了“人是人的本质”的命题，认为“人是一种感性存在、感性实体”。按照费尔巴哈，人是由对象而意识到自己的，人的本质在对象中得以显现，“人所认为绝对的本质，就是人自己”[2]，“人的绝对本质、上帝，其实就是他自己的本质。”[3]。他以感性为特征，开启了对人的本质认识的一个新的理论视角，也成为马克思主义的重要思想来源。但是，马克思认为费尔巴哈“没有看到真实存在着的、活动的人，而是停留在抽象的‘人’上，并且仅仅限于感性范围内承认‘现实的、单独的、肉体的人’”[4]。费尔巴哈关于人的本质的理论是从抽象意义上去考察人的存在，囿于理性思辨的意义上去解读感性世界。马克思并没

1《马克思恩格斯全集》第 1 卷，人民出版社 2002 年版，第 171 页。
2［德］费尔巴哈：《费尔巴哈哲学著作选集》下卷，三联书店 1959 年版，第 555 页。
3［德］费尔巴哈：《费尔巴哈哲学著作选集》下卷，三联书店 1959 年版，第 30 页。
4《马克思恩格斯选集》第 1 卷，人民出版社 1995 年版，第 50 页。

有全盘接受费尔巴哈的抽象人本主义思想，而是从社会和历史的角度考察人的本质，最终创建了以“现实的人及其活动”为理论底蕴的关于“人的本质”的学说，实现了对西方传统哲学学说的超越。

在《论犹太人问题》和《〈黑格尔法哲学批判〉导言》中，马克思提出了关于人的本质的新表述，开始转向“现实的人”的研究。马克思明确指出，“我们不是从人们所说的、所设想的、所想象的东西出发，也不是从口头说的、思考出来的、设想出来的、想象出来的人出发，去理解有血有肉的人。我们的出发点是从事实际活动的人”[1]。这一转变说明马克思对人的本质的研究由思辨王国回到了现实世界，对人的本质的思考已不是费尔巴哈式的抽象个人，而是立足于社会生活中的现实的个人，在这一问题上，马克思已经彻底超越费尔巴哈的狭隘理解。在《1844年经济学哲学手稿》和《神圣家族》中，马克思以劳动实践来规定人的本质，认为“自由的有意识的活动”是人的特性，人凭借这种特性而与动物区别开来。“通过实践创造对象世界，改造无机界，人证明自己是有意识的类存在物，就是说这样一种存在物，它把类看作自己的本质”[2]。人的实践活动创造的不仅是个别产品，而且包括了自然界和人自身。人类通过生产实践，使客观性与合目的性相统一，在一定程度上创造自然、支配自然，给自然界打上了人的烙印，使它成为人的本质力量的直观性的展现。人是实践活动的主体，但人不能随意地决定自己的实践活动，恰恰相反，自由

1《马克思恩格斯选集》第1卷，人民出版社1995年版，第73页。

2《马克思恩格斯选集》第1卷，人民出版社1995年版，第46页。

的有意识的活动才使存在得以存在，是实践活动创造了人本身，使人对自然界的支配得以可能。劳动实践造就了人本身，造就了人类社会。从现实出发，而不是从绝对理念、抽象概念出发，实践活动是实在性、本体性与能动性、否定性的结合，比世界的实存更具有本源性。实践活动才是人的本质所在，是人的生存方式与思维方式的根本来源。马克思尝试着从实践的角度来阐述人的本质，从而奠定了回答人的本质问题的科学基础。马克思在《关于费尔巴哈的提纲》研究了社会关系、社会结构对人的影响，强调人不是抽象的人，而是具体的、现实的、社会的人，人在本质上“不是单个人所固有的抽象物，在其现实性上，它是一切社会关系的总和。”[1] 马克思的论断将人的本质现实化。现实的人是由物质生产条件决定的，只有从现实的生产方式、生活方式和社会关系出发研究人，才能走出人的抽象王国。对人的本质的考察必须立足于人赖以生存的现实生活，而不能是抽象的人的概念。同时，人的本质随着人们在社会实践活动中的社会关系的变化而变化。

综上所述，马克思从“现实的人”出发，通过人的实践活动去理解人，在人的社会关系和实践活动的历史演化过程中去考察人，超越了黑格尔和费尔巴哈抽象的人的本质观，科学地解答了“人的本质”这一谜题，揭示出人的本质具有现实性、实践性、社会性和历史性，从而为其现代教育革命性变革方案的提出奠定了坚实的基础。

1《马克思恩格斯选集》第 1 卷，人民出版社 1995 年版，第 60 页。

二、开启教育本质的新视域

对教育本质进行反思是教育哲学中十分重要的基础理论问题。马克思虽然没有专门论述教育的著作，但他从批判的立场揭示了教育的本质，他所创立的实践唯物主义和唯物史观为我们研究教育哲学提供了根本的科学方法。教育作为一种社会现象，在不同社会，社会的不同发展阶段，教育本质、教育目的、教育内容、教育方法不尽相同。我们以马克思的实践观和历史观为指导，廓清教育本质的内涵与实质，彰显马克思教育思想对中国当代教育研究的意义，挖掘其在指导教育改革实践中的当代价值，具有重要的理论意义和实践意义。

在教育哲学史上，关于教育的本质问题是思想家们争论的焦点，但是至今为止，关于教育的本质仍未形成定论，处于不断探索之中。教育作为推动人类进步的实践活动，对于促进人的身心发展具有重要作用。在马克思看来，教育必须结合人的实践活动过程来加以理解，同时，教育是由物质生活的生产方式、社会的政治经济状况等因素共同决定的，在阶级社会中，教育还是统治阶级维系政权，进行物质与精神方面统治的工具。要理解教育的本质，就需要我们转换思维方式，马克思实践唯物主义和唯物史观的提出，为我们打开了新的理解视域。

（一）从实践唯物主义的角度理解教育的本质

马克思“首次将实践的观点与唯物主义思想相结合，建立起一种新的哲学世界观即实践唯物主义”[1]。它区别于旧唯物主义，强调人的主观能动性及其成果在人类社会历史发展中的特殊意义。所谓“实践”，首先意味着生产劳动。为了维持生存，获取衣、食、住等物质生活资料，人必须进行生产活动，也正是生产劳动实践构成了“现存感性世界的非常深刻的基础”[2]。同时，人并非完全被动地接受环境对人的影响和制约，通过生产劳动的能动创造，人类不断改造和影响环境，使其符合人的主观目的。其次，马克思并不是将实践狭隘地理解为个人生活中的行为，而是理解为社会革命。马克思的实践唯物主义就是科学的社会主义和共产主义的理论基础。在马克思之前的空想社会主义只是对社会生活进行了部分的解释，而马克思的理论则是对现存秩序提出了根本改造的要求，要通过实践，诉诸社会革命从根本上改变现存世界。

马克思的实践唯物主义体现出实践性、历史性、人文性这三个基本的特征。[3]实践唯物主义确立的“实践”观点，要求我们从“现实的、有生命的个体”的存在活动去理解人以及各种社会现象，这为我们理解教育的本质确立起全新的思维方式。第一，从实践的角度把握教育的本质。教育的本质不是抽象的空中楼阁，它是以现实社会生活为基础的，取决于社会生活的发展变化。人类教育的变化发展融合于人认识世界、改造世界的过程之中，体现着教育活动的实践性特征。教育活动本身就是实在的、客观的

1 陈佑清：《从实践唯物主义看教育与社会之间的适应与超越》，《江苏高教》1999 年第 1 期。

2《马克思恩格斯全集》第 3 卷，人民出版社 2002 年版，第 50 页。

3 俞吾金：《马克思的实践唯物主义及其当代发展趋向》，《江苏社会科学》2000 年第 6 期。

实践活动，它作为构建人与世界关系的媒介，培养人认识世界，甚至改造世界，是与人的生存活动、人类社会的历史构建密切相连的现实的实践活动。第二，从历史的维度理解教育。人类开展教育活动的历史十分悠久，不同的历史时期，人们对教育的理解和需求大相径庭。因此，我们在研究教育的本质的时候，需要从历史发展的角度，分析教育本质的变迁，寻求教育的共同本质特征，厘清不同历史时期对教育本质的特殊要求，从而建立正确的具有历史视野的教育本质理论。第三，从人与教育的相互关系中考察教育的本质。马克思的实践唯物主义本身具有人文性的特征，倡导以“现实的人”为基础的新的人道主义，在传统人文主义核心内容中增加了对人的异化的扬弃、人的解放、人的全面发展等内容。教育作为人的实践活动之一，单纯就教育本身谈教育的本质是无法把握教育本质的真正内涵的，只有与教育活动的主体相连接，从人本身出发，从人与世界的交往关系、人与教育的相互作用出发，讨论教育的本质，才能获得对教育本质的正确认识。

（二）从唯物史观的角度理解教育的本质

马克思的唯物史观研究的是人类社会历史发展的基本过程和一般规律，具有普遍性。社会科学的各门类研究的是人类社会生活各方面过程和具体规律，唯物史观对于社会科学各门类的研究具有指导意义，为社会科学的研究奠定坚实的理论基础，提供科学的指导方法。唯物史观对教育研究的意义也不例外。它的基本原理给我们提供了认识教育本质的钥匙，使我们能够克服以往思想上的混乱和错误，开拓出研究教育本质的新视野。基于唯物史观的基本观点，马克思批判性地考察了教育的本质。

马克思指出："一切社会变迁和政治变革的终极原因，不应当在人们的头脑中，在人们对永恒的真理和正义的日益增进的认识中去寻找，而应当在生产方式和交换方式的变更中去寻找；不应当在有关的时代的哲学中去寻找，而应当在有关的时代的经济学中去寻找。"[1] 物质资料的生产是人类社会存在和发展的基础，决定着整个社会生活。教育作为人类社会实践活动之一，同样受到物质资料生产方式的制约，它决定着教育的形态和发展水平。第一，社会生产的发展水平决定着教育的目标和结构。教育活动旨在培养社会需要的人才，随着物质资料生产方式的不断变革，特别是生产力的发展，社会对人才的知识结构、能力水平的要求越来越高，从而也将推动教育目标的革新，以便适应新的社会需求。同时，社会生产的发展还决定着社会职业的结构，经济结构、产业结构、劳动力结构，最终决定着教育类别、专业设置等教育结构的调整和确立。第二，物质资料生产方式是教育发展的前提，客观地决定着教育活动的发展规模和速度。教育的发展离不开物质条件的支撑，生产力和经济发展水平决定着国家对教育的资金投入、场所建设、人员配置和具体的教学方式等因素，制约着教育的发展。第三，在阶级社会中，生产关系的性质决定着教育的社会阶级性质。"一个阶级是在社会上占统治地位的物质力量，同时也是社会占统治地位的精神力量。支配着物质生产资料的阶级，同时也支配着精神生产的资料。"[2] 教育既承担着传播

1《马克思恩格斯选集》第 3 卷，人民出版社 1995 年版，第 425 页。

2《马克思恩格斯选集》第 1 卷，人民出版社 1995 年版，第 98 页。

科学知识、教授劳动技能的责任，同时也是统治阶级进行意识形态宣传训导的重要阵地。统治阶级总是利用他在政治上的优势地位，运用国家政权，通过控制教育为自身经济利益和政治利益服务。

按照唯物史观的基本观点，物质资料的生产方式是人类社会历史过程中的决定因素，教育作为人类的实践活动，其发展变化从根源上来讲取决于物质资料生产方式的发展变化。但是，唯物史观也强调一旦社会意识现象产生出来，它们就有着自身的特点和发展规律，在被社会存在决定的同时，也对社会发展起着能动作用，甚至决定着历史发展的特点。对教育而言同样如此，它一方面被物质资料的生产方式所决定，另一方面又反作用于物质资料的生产。第一，自然科学需要通过教育转化为直接的生产力，教育是将知识形态的生产力转化为直接生产力的重要途径。马克思认为科学是历史发展的有力杠杆，推动着人类社会进步。科学转化为技术则成为了直接的生产力。通过教育活动，科学技术被劳动者掌握，进而直接应用于生产过程之中，从而能够在生产活动中创造出丰富的物质财富。第二，教育使人类社会的精神财富得以承接和延续，在社会生活中起着能动的积极作用。人类在长期的社会实践中，不仅创造了物质财富，而且创造出璀璨的精神财富，精神财富的世代传承和发扬光大离不开教育。第三，随着人类文明的发展，教育逐渐从其他活动领域中分离，获得独立发展，成为推动社会政治经济发展的重要力量。在阶级社会，教育虽然体现统治阶级意志，但并不意味着教育完全沦为政治的附庸。教育发展有其本身的特点和内在规律，国家的教育法规和制度必须遵从教育活动自身规律。

三、赋予教育目的崭新意涵

一般意义上，教育的目的就是对教育所要造就的人的总体要求，蕴含着教育的价值向度，是教育哲学中的重要问题，直接关系着国家教育制度的设立、教育内容的选择、教育效果的评价，是教育工作的出发点和最终目标，贯穿于教育活动的整个过程。马克思的思想在社会科学的各个学科引起了革命性变革，在教育哲学领域同样如此，其中最集中的表现之一就是对教育目的的全新理解。马克思以人的全面发展作为教育的最高目的，规定了现代教育的基本特征。个人全面发展理论作为重要的教育思想，是马克思教育哲学的根本原理，它为我们研究现代教育的目的、价值和特征提供了科学的指导和根据，对于教育哲学研究具有方法论意义。

人是教育的对象，要研究教育的目的，就必须首先把握人的本质。马克思的人的全面发展的理论也是在对人的本质这一问题的科学回答的基础上提出的。前面我们已经具体分析了马克思对“人的本质”这一问题达到科学理解的基本过程。马克思从人的社会关系的历史发展中来规定人的本质，认为人的本质来自“一切社会关系的总和”，具有现实性、社会性、历史性等特征。人的本质的现实基础就是生产力、资金和社会交往形式的总和。教育的对象就是“现实的人”——“这些个人是从事活动的，进行物质生产的，因而是在一定的物质的、不受他们任意支配的界限、前提和条件下活动着的”[1]。马克思提出将现实的人作为教育对象，消除了教育的抽象性，使教育哲学研究具有了现实性、客观性的意义。

马克思认为，客观的生产生活条件通过分工决定了个人的发展。分工即人所从事的相互联系而又各不相同的活动，具有特定的历史和社会内容。分工不是抽象概念，而是社会生产发展到一定阶段后产生的生产组织形式，它一方面促进了生产力水平提升，另一方面也造成了个人的片面发展。“就个人自身考察个人，个人就是受分工支配的，分工使他成为片面的人，使他畸形发展，使它受到限制。”[2]分工使人活动于特定的、局限的范围，而这一范围的确定是私有制强加于他的，个人只能屈从于这种限制。“分工和私有制是两个同义语，讲的是同一件事情，一个是就活动而言，一个是就活动的产品而言。”[3]分工带来的职业“痴呆”造成个人单方面的畸形发展。从历史上看，分工又是从物质劳动和精神劳动分离的时候起才真正开始。随着生产力的发展，到原始社会末期，“从事单纯体力劳动的群众同管理劳动、经营商业加掌管国事以及后来从事艺术和科学的少数特权分子之间的大分工”[4]发生了，脑力劳动与体力劳动分离，特殊个体获得比较高度的发展，同时代的大多数人则被牺牲，他们的发展被强制压抑。马克思认为这一过程中，社会生产力不断进步，人类整体发展更加丰富和全面，这是人类历史的必经阶段，但是，“人类才能的这种发展，虽然在开

1《马克思恩格斯选集》第1卷，人民出版社1995年版，第72页。

2《马克思恩格斯选集》第1卷，人民出版社1995年版，第514页。

3《马克思恩格斯选集》第1卷，人民出版社1995年版，第37页。

4《马克思恩格斯选集》第3卷，人民出版社1995年版，第221页。

始时要靠牺牲多数的个人，甚至靠牺牲整个阶级，但最终会克服这种对抗，而同每个个人的发展相一致”[1]。

脑体劳动的分离、个人的片面发展经历了一个历史的过程，及至资本主义社会达到顶点。马克思在《资本论》中详细考察了资本主义生产过程中的分工，他发现人类社会发展到资本主义阶段，脑体分离已深入生产过程内部。体力劳动者身上最后一点独立性和智力发展的空间也被完全剥夺，脑力劳动与体力劳动的分离在大工业中最终完成。“在劳动过程中他们已经不再属于自己了。他一进入劳动过程，便并入资本。作为协作的人，作为一个工作机体的肢体，他们本身只不过是资本的一种特殊存在方式”[2]，劳动者作为一个机器的“活零件”，智力因素和独立性完全消失。脑力劳动和体力劳动最终彻底分离，个人被强制性的局限于分工带来的狭窄活动领域，最终造成了人的片面发展。但与此同时，大工业的发展又对劳动者提出了再次将脑力劳动与体力劳动结合起来全面发展的要求。原因在于，一是科学技术的发展使大工业打破了工场手工业的专门化壁垒。科学技术在生产中得到大力推广和应用，一方面，它能够越来越多地代替工人完成相应工作，另一方面，劳动者只需学习掌握一些基本的生产原理就可以完成多种专业劳动。二是由于生产技术的不断革新，客观上造成了劳动者不断变换劳动职能和劳动岗位，这就要求“用那种把不同社会只能当做互相交替的活动方式的全面发展的个人，来代替只是承担

1《马克思恩格斯全集》第26卷，人民出版社2014年版，第124页。

2《马克思恩格斯全集》第23卷，人民出版社1972年版，第370页。

一种社会局部职能的局部个人”[1]。

马克思认为劳动者全面发展的要求就像自然规律一样，随着人类历史的发展而发生，但是这一趋势却在遭遇到资本主义制度带来的障碍之后未能正常实现。机器大工业就其技术而言，客观上要求消灭旧的分工，可是资本主义生产关系更可怕地再生产了这种分工。机器大工业创造了人类前所未有的生产力，大幅提高了劳动生产率，缩短了必要的劳动时间，为自由时间的增加创造了物质技术前提，但是资本主义制度将这些可以自由支配的时间再次变成了剩余劳动。由此可见，大工业的生产力与资本主义生产关系之间、生产社会化与资本主义私有制之间存在着“绝对的矛盾”。生产力的发展要求人的全面发展，而资本主义生产关系则严重阻碍了人的全面发展。因此，要改变这一状态，克服分工带来的对人的发展的消极影响，就必须改变资本主义的社会关系，创造与大工业生产条件相适应的生产关系，为人的全面发展创造条件。

综上可知，马克思通过研究物质生产发展过程，从分工的角度论述了人的片面发展的形成和原因，在唯物史观的指导下揭示出大工业的资本主义应用是使人片面的畸形的发展的根本原因。他认为要实现人的全面发展就必须消灭分工，消除资本主义私有制，建立与生产力相适应的新的生产关系，为人的全面发展创造现实条件。而作为教育来讲，最终目的就是要实现人的全面发展。要达到这一目的就必须在厘清教育与人的全面发展的关系基础上，

1《马克思恩格斯全集》第23卷，人民出版社1972年版，第534页。

进而消除由资本主义经济基础带来的教育观念的消极影响，改革资产阶级教育，建立符合人的全面发展价值目的的教育新途径。

四、提出全面发展的现实途径

马克思将教育看作实现人的全面发展的重要条件和根本途径，认为教育“不仅是提高社会生产的一种方法，而且是造就全面发展的人的唯一方法”[1]。马克思认为随着科学技术的发展，生产力不断提升，大工业时代需要的教育既不是与生产劳动融合于一体的，也不是与生产劳动完全分离的。教育和生产劳动作为两个过程既相互独立，又不可分割地联系在一起，只有将教育与生产劳动相结合，从根本上改造资本主义教育，赋予现代教育新的内容，才能培育出适应现代生产需要的劳动者，并最终实现人的全面发展。

文艺复兴到19世纪是现代社会确立和发展的时期，商品经济的发展推动了科学技术的进步和生产力的提升，大工业时代随之到来。机器生产代替手工工具之后，大工业的生产对劳动者掌握科学技术的要求大幅提高。因为劳动者从事生产劳动所凭借的不只是直接的生产经验和劳动技艺，更重要的是对科学技术知识的掌握和应用。劳动者对科学技术知识的学习只能在生产过程之外的教育中获得，由此，教育在人类历史上第二次从生产劳动中分离出来，现代学校应运而生。现代学校与古代学校教育有本质的区别。古代教育和生产劳动是完全分离的，其教育的主要目的是

1［德］马克思:《资本论》第1卷，人民出版社2000年版，第557页。

为统治阶层培养实施统治的可用人才，对劳动者进行思想控制。而现代教育不仅培养资产阶级需要的统治人才，还承担着培养生产劳动者，使其与现代科学技术的应用相适应的责任。现代学校从本质上来讲与生产劳动有密切联系，具有为生产服务的性质。

教育与生产劳动相结合的思想源于文艺复兴以后资本主义的发展时期，空想社会主义者、古典政治经济学家和民主主义教育家莫尔、贝勒斯、亚当·斯密、卢梭、裴斯泰洛齐、傅立叶和欧文等先后提出了教育与生产劳动相结合的思想。在自然经济向商品经济转变、传统生产方式向现代机器生产变革的初期，他们敏锐地意识到教育革新的必要性，在他们的思想中已经有了教育和生产劳动相结合思想的萌芽，这体现出近代思想界的先驱对未来教育的一种天才预测，但由于缺乏对现代生产方式的科学认识，他们的思想不免带有空想主义色彩。在《临时中央委员会就若干问题给代表的指示》《资本论》《哥达纲领批判》和《反杜林论》等诸多著作中，马克思和恩格斯探讨了教育和生产劳动相结合的思想，运用实践唯物主义和唯物史观进一步阐明了教育与生产劳动相结合的必然性和方法途径，赋予了这一思想更为深刻与丰富的内涵。

在马克思看来，教育和生产劳动相结合是现代社会的产物，是现代大生产的必然要求，是机器生产发展的客观规律，植根于大生产的本性之中，是不以人的意志为转移的。“大工业的本性决定了劳动的变换、职能的更动和工人的全面流动性”，[1] 其本身的发

---

1 ［德］马克思：《资本论》第1卷，人民出版社2000年版，第560页。

展客观上要求科学技术在生产中大规模应用，要求科学技术教育的普遍推广，要求生产劳动与教育的结合。大工业使生产过程成为有机统一体，劳动者的劳动内容不断革新，劳动岗位时常变换，劳动者必须尽可能掌握更多的科学技术知识，发展多方面的技能，才能适应现代生产的需要，成为合格的劳动者。科学技术的发展创造出巨大的生产力缩短了劳动时间，增加了劳动者的自由时间，使人们有机会受到普遍教育和从事多方面实践活动。现代工业决定了劳动者必须是受教育的全面发展的劳动者，而劳动者要掌握现代科学技术，就必须接受生产劳动过程之外的现代学校教育。这就形成了教育与生产劳动的新关系：教育成为了科学技术与生产劳动相结合、将科学技术转化为现实生产力的一股中介力量和执行力量。

在教育与生产劳动相结合的总体原则下，马克思从人类社会内在发展规律探寻实现人的全面发展的现实途径，确立了作为与生产劳动结合的教育的崭新内容，使现代教育理论从空想变成了科学。马克思在《临时中央委员会就若干问题给代表的指示》："我们把教育理解为以下三件事：第一，智育。第二，体育，即体育学校和军事训练所教授的那种东西。第三，技术教育，这种教育要使儿童和少年了解生产各个过程的基本原理，同时使他们获得运用各种生产的最简单的工具的技能。对儿童和少年工人应当按不同年龄循序渐进地授以智育、体育和综合技术教育课程"。[1] 马克思认为大工业时代的社会生产建立在科学技术的发展应用之上，

1《马克思恩格斯全集》第16卷，人民出版社2007年版，第218页。

对劳动者的教育首先就要将科学与劳动者结合起来，智育和科学教育应成为现代教育的中心内容。马克思还驳斥了生产劳动与体育相脱离的观点，认为“关于体育（对青少年来说还有军事训练）同工厂儿童和贫民学生的强制教育相结合”，可以取得“非常有利的结果”[1]。产业革命后，工人的工作条件和经济生活状况愈加恶劣，工人及其子女同体育活动日益绝缘，恶劣的生活工作条件和旧的分工制度摧残着工人阶级的儿童和青少年的健康。因此，马克思主张在中小学开展体育教育。体育是使个人全面发展的教育的重要组成部分，预防劳动对人的片面性影响。技术教育也称综合技术教育，主要内容是通过教授自然科学和生产过程中科学技术的基本原理、培养使用劳动工具的能力。马克思十分重视综合技术教育，期望通过综合技术教育弥补分工所造成的人的缺陷，克服人的片面发展，培育全面发展的生产者。综合技术教育是大生产时代的产物，是马克思现代教育思想的重要组成部分，更是达成人的全面发展的重要条件。

教育与生产劳动相结合的观点是马克思教育哲学思想的重要组成部分。生产劳动给予人的意义不仅是物质生活资料的获取，更重要的是人在生产劳动的过程中改造了自然和人自身，生产劳动不仅解决了人的生存问题，更是社会历史发展的基础与前提。马克思从人类社会历史发展与生产劳动的关系中阐明了人是“现实的个人”的基本内涵，科学论证了将教育和生产劳动两个相互独立的过程密切结合是造就全面发展的人的重要途径。

1［德］马克思：《资本论》第1卷，人民出版社2000年版，第158页。

第三节　马克思教育哲学思想的当代价值

我们的现代命运与马克思深深纠葛在一起，对世界历史有如此深远影响的现代哲人没有人能够与马克思相比。如果说我们现在仍然生活在现代世界的历史展开中的话，那么马克思作为一个伟大哲人的意义就远远没有过去。只要资本的全球化仍然在进行中，马克思关于人的解放与人的教育的理论就不会丧失生命力。于我国而言，关于国家何去何从的争论，从没有停止过。走哪一条道路的问题不仅仅是理论问题，更是决定国家与民族方向的大问题。类似于工业现代化，我们当初在将现代化描述为美好图景的时候，没有想到雾霾的问题，没有想到环境代价的问题，也没有想到工业现代化实现之后我们的问题似乎并没有更少。同样的道理也存在于我们的教育之中。我们在努力推动现代教育发展的时候也应该想到我们会得到一个什么样的结果；为了避免重走西方文明的老路，我们的现代教育又应该考察哪些问题，注意哪些因素。这些问题需要通过仔细的文本梳理以及历史渊源的考察，需要全面考虑西方思想家对于现代教育问题的不同看法，更需要从马克思的实践唯物主义和唯物史观出发，辩证地分析看待启蒙精神及其后果，只有这样才能寻找出现代教育的合理出路，才能为我国教育改革发展提供有借鉴意义的思想和方案。

一、实现教育思维方式的变革

教育思维方式主要是指人们在观察分析教育现象、解决教育问题、衡量评价教育价值的过程中展现出来的较为稳定的认识框架和思维路线。运用不同的教育思维方式分析教育，将会看到不同的教育图景，进而作出不同的价值判断，导致截然不同的教育效果。当代教育要实现教育改革、转变教育模式、提升教育质量都离不开科学的教育思维方式的指导。因此，深入教育背后，思考应用何种思维方式来分析教育现状，解决教育难题，具有十分重大的意义。马克思教育哲学思想的重大贡献之一就是教育思维方式的革命。他将现实的人作为教育的对象，从人与社会的关系出发，通过对人的本质的重新规定，在正确把握人是教育的目的的前提下，完成了教育思维方式的革命性变革，为我们理解教育中的根本问题创设了基本的认识前提，为解决教育问题提供了科学的思考理路。

前面的考察让我们看到不管在古希腊还是在古代中国，建立一个追求德性或者追求至善的国家是无条件的目的，根本不用论证。而教育的目的就是使得人成为配得上“人”这个称呼的修养过程，使得人知道自身与禽兽的区别何在，知道自身的尊严何在。所以我们看到在儒家那里，孟子让人时刻省思“人何以异于禽兽”的问题。在他看来，教育不是别的，就是使得人意识到自身作为人的规定性以及自觉性。这个区分是人对自身尊严的自觉。没有这个自觉，在古典哲人那里甚至连“成人”都称不上。知礼乐、懂羞耻就是成人的标志。所以我们看到，在传统文化中或者说在中国古典哲人那里，教育不是别的就是修养与修行。视、听、言、动皆中乎礼而后能称为受过教育。与此相关，古典的教育概念特别是在儒家那里，从来不是一个技术性的问题。在儒家看来，教化是比一般政治更加重要、更加基础的政治事件。教化可以“立天地，育万物”。这种在更广大精微层面的建设才是决定一个国家政治品质以及长治久安的基础所在。这种设计贯穿了传统“礼—法”国家的设置。礼是更根本的制度，而不是法，法是礼的延伸与补充。对于儒家而言，只用法律治国显然是下策，而且不会成功。只有将法律建立的基础建设好才可能长治久安。我们看到，在儒家那里，教化问题与政制的问题紧密相关，教育问题在整个政治哲学体系中占据了根本的位置。

在古希腊哲学家柏拉图那里，教育问题也是牵涉到整个理想城邦建设的中心问题。在《理想国》的核心章节，柏拉图讨论的就是教育的问题。不过在整个柏拉图哲学体系中，值得注意的是，哲人与大众之间的关系也是决定教育问题的一个基础。这个问题集中反映在柏拉图的洞穴比喻之中。在洞穴比喻中，哲人挣脱铁链走出洞穴之后发现：人不能长时间地盯着太阳。这意味着，哲人需要重新回到洞穴之中，与那些仍旧只能看到阴影的同胞相处。这里就有两种可能性：第一，哲人不能直接告诉大众真相，如果那样非但不能让大众相信，还使得哲人自身处于危险之中；第二，就是现代哲人采用的态度，不加区分地将真相告知大众，随之而来的可能是混乱。柏拉图显然采取的是前一种办法。这种办法也是古典哲人普遍采取的途径。大众与哲人之间的关系也决定了教育的内容以及方式问题。而第二种办法就是启蒙的态度，不再相信超验的领域，而只求助于人类自身的手段与能力。这种世俗化的进程是与整个国家目标的世俗化相一致的，也是与工具理性逐渐占有统治性地位相一致的。我们在考察现代政治话语的历史时已经看到，世俗化、人民主权、契约论以及自然法等现代政治话语是如何逐步取得统治性权力的。这些话语也直接影响了教育思维方式的转变。

文艺复兴之后，人们从宗教观念的束缚中逐渐解脱出来，人的理性和主体性的崇高地位重新得到肯定。人的教育也被看作“人从自然的状态中脱离出来发现他自己的人性的过程”[1]，教育研究的重点变为教育与人的理性之间的关系。这一时期的教育依然强调对人性的改造，但其着眼点从人的德性转变为人的内在潜力，注重培养的是人的社会适应能力。随着科学技术的发展，对科学的崇尚和信仰逐步被社会成员普遍接受，教育的目标也从培养有德性的人转变为提高人的理智能力，让人学会思考，提高生产知识和科技的能力。科学知识的客观性、可验证性等特征给教育打上了深深的烙印，教育逐渐成为一门实证科学活动，主要任务就是传递科学知识，保证知识的正确性和科学性。这种教育思维方式的转变有利于教育向着科学化、规范化的方向发展，但是，当理解科学知识的思路被传递到对教育思维方式的理解之后，讨论价值观、理想、信仰等无法实证的东西就变得完全没有意义，原本内涵丰富的教育活动也丧失了唤醒人生意义思考、引导人生价值考量的意义，“知识的

1［英］阿伦·布洛克:《西方人文主义传统》，董乐山译，三联书店 1997 年版，第 45 页。

价值完全取决于谁掌握知识以及他用知识做什么”。[1]

启蒙思想家受到重视科学和理性的思想方式的影响，认为人先天具有不可剥夺的理性，人的理性是教育的前提和基础。教育就是在遵循理性的原则之下，培养人运用理性的能力，最终使人成为自由的公民。人是教育的对象，要谈论教育就不能离开人与教育的关系，人与教育的关系问题自古以来也是教育研究的基本主题。在教育思想的不同发展阶段，教育思想家对这一问题从不同侧重点给出了不同的解答。但是由于没有正确把握人的本质以及人的发展的本质特征和要求，人逐渐被当作了达到某种社会目标的手段。启蒙运动之后，人类进入现代社会，随着科学技术突飞猛进的发展，工具理性逐渐扩张，渗透到人类社会的各个层面，教育世俗化和功利化的倾向愈加严重，教育过分强调它的实用功能和功利偏好，变成为知识、真理而追求知识、真理的活动。教育过程只是为了完成对知识的占有、对知识确定性的寻求与辩护，教育培养人的智慧，使人优雅高尚地生存的功能被漠视，受教育者的道德、理想、信仰教育被忽视，教育的功能随之被“异化”。

马克思重新规定了“人的本质”，解开了教育理论的认识前提之谜，与传统教育思维方式划清了界限。马克思指出人作为教育对象并非抽象的存在物，而是具体的社会历史实践者，人的本质并非存在于孤立的、原子式的个体之中，而是存在于社会关系中，是一切社会关系的总和。马克思不再从抽象的人自身，而是将人

---

1 [英] 怀特海：《教育的目的》，徐汝舟译，三联书店 2002 年版，第 57 页。

置于自然、社会、人的互动之中，从人所参与的客观的社会关系去考察人的本质。并且指出作为现实的人的本质是在一定社会实践中形成的，并非一成不变，而是随着社会关系的发展而发展。由此，马克思通过对人的重新认识，找到了新的出发点——不再从寻找“本质”开始，而是从人所参与的社会关系的历史活动的具体发展中研究人及其全面发展的问题。基于对人的本质的重新认识，在教育理论中，马克思强调教育应培养既有实践能力又具有独立人格的全面发展的人。为了实现这一培养目标，教育过程中既要给受教育者教授科学技术知识，培养他们的实践能力，使其能够在社会谋生立足，也要向受教育者传授道德、理想、信仰等社会核心价值，培养他们的社会责任感、爱国热情和追求人生价值的积极愿望，使教育成为人的全面发展的中介。在马克思的教育哲学思想中，不再把追求超验的存在作为目标，也不将教育片面地理解为追求科学知识的认知活动，而是在对人的本质的理解基础上，将教育与现实的人的活动相融合，使教育成为现实的人的现实活动。通过教育培养全面的、自由的人，使人既能够掌握运用科学知识解决实际问题，同时学会理解人与自然、人与社会及其与人自身的关系，使人的潜能最大程度地激发，最终实现人的解放。马克思在扬弃传统教育思想的基础上，完成了教育思维方式的革命性变革。

二、培育现代社会的合格主体

马克斯·韦伯将启蒙运动称作世界的“祛魅”，认为它将人类从宗教神学的束缚中解救出来，创造了前所未有的文明成果。启蒙运动崇尚理性，尊重个人的基本权利，带有强烈的批判精神，对社会在政治、经济、文化、制度等领域的变革产生了深刻的影响，“启蒙运动认为，近代以来科学思维复兴的实际道路就是一个具体的、自明的证据，它表明‘实证精神’和‘推理精神’的综合不是纯粹的假设，相反，已确立的这一目标是可以达到的，这一理想是可以充分实现的”[1]。受启蒙运动的影响，科学技术以前所未有的速度发展兴盛，人类社会在物质生活上更加富裕，社会公民也打破了思想上的束缚，心智得以启蒙，基本素养大幅提升。然而，随着人类理性的扩张，对理性的信仰变成了新的迷信，启蒙蜕变为新的神话。启蒙精神夸大人类理性能力，片面追求科学技术的力量，导致科学技术对生活世界的侵蚀，引发了新的社会危机。在当代西方思想家施特劳斯看来，“现代性的危机表现或者说存在于这样一宗事实中：现代西方人再也不知道想要什么——再也不相信自己能够知道什么是好的，什么是坏的；什么是对的，什么是错的。”[2]在这个简朴的表述中，我们看到的问题是：价值判断被驱逐了，或者说工具理性成为宰制性的意识形态。启蒙运动造就的是一个“开放社会”，给予了我们双重遗产，这种“开放性”和双重遗产使得很多东西，诸如道德、政治、教育成为问题。

于教育而言，一方面，由启蒙精神奠基产生的现代教育在科

1 [德] 恩斯特·卡西尔：《启蒙哲学》，顾伟铭等译，山东人民出版社 1988 年版，第 7 页。

2 [美] 列奥·施特劳斯：《苏格拉底问题与现代性》，《施特劳斯讲演与论文集》，彭磊、丁耘译，华夏出版社 2008 年版，第 32 页。

学知识的生产传播、培育人们理性思考能力方面功不可没，另一方面，启蒙精神带来的困厄同样反映在现代教育中，使得现代教育面临种种危机。现代教育在功能上呈现出工具性、技术性倾向，教育培育个人德性和高尚人格的功能弱化，“如何使教育的文化功能和对灵魂的铸造功能融合起来，成为人们对人的教育反思的本源所在”[1]。教育本身具备工具性功能，承担着传授科学知识的职责，但教育的功能并不只是知识的传授。现代社会的合格公民除了应具备一定的科学技能知识，适应社会生产需要，还应通过接受教育寻找到自己安身立命的精神家园。

马克思的个人全面发展理论即带有教育哲学的渊源，是对教育实践的总结，它为我们克服启蒙带来的现代教育困境提供了方法论的指导。个人全面发展理论要解决的是个人和社会、个人与人类总体之间的矛盾，教育的目标与其一致，就是要解决个体社会化的问题，承担着培育合格的社会主体的职责。对于人的全面发展的内涵，在马克思的著作里虽没有一个现成的完整定义，但马克思明确提到：“个人的全面性不是想象的或设想的全面性，而是他的现实关系的全面性”[2]。前面我们已经谈过，马克思认为分工造成了劳动者的片面发展，劳动者在智力和体力发展内部、智力发展与体力发展之间陷入了片面性。而全面发展的首要含义应在于劳动者的智力和体力均得到发展，全面发展的核心就在于体力劳动和脑力劳动的结合，这也是马克思主张的全面发展的基础。我们在道德、审美、感情意志、个人才能等方面的发展都离

1［德］雅斯贝尔斯：《什么是教育》，邹进译，三联书店 1991 年版，第 1 页。

2《马克思恩格斯全集》第 46 卷下，人民出版社 2003 年版，第 36 页。

不开这个基础。全面发展的另一层含义在于个人的自由充分的发展。“个人”所指的是一定历史发展阶段上的个人，是一定历史条件和关系中的个人，“决不是任何偶然的个人”[1]和“思想家中所理解的‘纯粹的’个人”[2]。“自由”意味着联合起来的个人掌握高度发展的生产力，使偶然性受到控制。[3]“充分”则是在生产力发展和社会关系许可范围内的充分，而不是抽象的充分。全面发展理论明确了教育的目标，规定了现代教育的价值取向，勾画出现代教育的特征，给予现代教育科学的论证基础和根本原理，对现代教育改革具有方法论的指导意义。马克思认为只有同社会的政治、经济、科学发展相联系考察教育的条件，适应现代社会发展的要求，实行和生产劳动相结合的教育，才能培育出现代社会需要的主体，最终才能实现人的全面发展。反言之，现代教育必须符合社会发展要求，培育现代社会合格主体，只有这样的教育才是合格的教育。教育是人的发展的重要条件，没有教育谈不上人的发展，人的全面发展更是无从谈起，个人的发展必然地与教育联系在一起。“未来教育……就是生产劳动同智育和体育相结合，它不仅是提高社会生产的一种方法，而且是造就全面发展的人的唯一方法”[4]。

同时，马克思的教育思想还呈现出独特的实践性特征。按照马克思，通过教育，不仅要使作为社会主体的人能够认识世界、解释世界，而且要提升人的实践能力，主动地、创造性地改造世

1《马克思恩格斯全集》第3卷，人民出版社2002年版，第156页。
2《马克思恩格斯选集》第1卷，人民出版社1995年版，第84页。
3《马克思恩格斯选集》第1卷，人民出版社1995年版，第82页。
4《马克思恩格斯全集》第23卷，人民出版社1972年版，第99页。

界。启蒙运动将教育的目标定位为提高受教育者的理性能力，变革人的认知能力，这使得教育活动停留在理性的抽象层面，未能正确揭示出人的本质及其现实社会基础。自启蒙运动以来，现代教育更是深受科学主义思潮影响，强调对科学技术知识的掌握。但教育实践证明：科学技术知识的学习使人懂得了科学的力量，获得了生存的基本技能，但是，脱离了实践，脱离了人的现实社会生活，人或许能获得知识，但未必能理解社会、理解生活，不能达到“使人成其为人”的教育目标。科学知识的传授是教育的应有之义，但是教育如果过度受科学主义思潮影响，将科学知识和技能的传授作为教育的唯一目标，必然不利于人的健全人格的塑造和自由全面发展。人是现实世界中的真实存在，人的本质力量只有在与对象的交互作用中才能得以敞开和呈现。因此，要培育自由全面发展的社会主体，就要求我们的教育要坚持实践原则，消除科学主义思潮对教育造成的负面影响，克服教育工具化和功利化的倾向。简言之，现代教育培养的人不仅应该掌握科学技术知识，能够在社会生存，而且能够理解人生的意义与价值，懂得欣赏和赞美生活，使其作为社会主体有能力理解和获得幸福，成为全面的自由发展的人。

构建新的社会制度克服资本主义生产关系和社会制度之下深刻的内在矛盾，使人能够得到全面发展，过上自由幸福的新生活是马克思对未来理想社会的基本设想。教育是实现社会发展目标的重要手段，只有适应社会发展需求、有助于社会进步的教育才具有存在的价值。这就解答了一直困惑我们的个人与公民双重身份如何协调一致的问题。马克思认为单方面强调个人或者社会都是一种形而上学的态度。个人的发展与社会的进步之间不存在矛盾，社会为个人发展提供保障，为个人才华的施展提供舞台，个人则通过教育提高自身素质，为社会发展提供智力支持。人生活于现代社会之中，应当将个人与社会公民双重身份协调起来，不能单纯追求个人的自由发展忽视社会的现实需要。在社会发展的过程中，也不能片面强调社会的需要而忽视对个人的成全。现代教育革新正是要两全教育的社会性和教育中人的主体性。此外，由于工具理性的扩张，使受教育者掌握更多的科学知识成了现代教育的全部期待和努力方向，人的高尚精神的培育被忽视，这也是现代教育发展中遇到的重大困难。马克思的教育哲学似乎也体现出对生产实践的强调。但是我们不应该忘记，综合技术教育只是诸多教育内容中的一部分，除此之外，教育还包含着智育、体育等内容。培育全面自由发展的个人才是教育的最终目的，科学教育和人文教育均不可偏废。

启蒙的核心意义为“照亮”，启蒙运动重新肯定了人的至高无上的地位，要求培育人的自我意识。同时，启蒙理性倡导人的自由，认为自由是人生而有之的、不可剥夺的权力。启蒙精神奠定了现代教育的基本理念，启蒙运动之后，科学技术迅猛发展，现代社会逐渐成形，现代化的大工业生产对教育提出了新的要求。现代教育顺应社会发展要求，重视培养人的理性和自我意识，教育学生运用理性摆脱不利于个人自由发展的束缚，这推进了教育的民主、平等进程，促进了教育实践的发展，也带来了科学知识的繁荣。但是，我们不应忘记，现代教育除了上述任务，更重要的是要消除人的异化状态，实现全面自由发展的目标。马克思对教育哲学的深远影响首先在于他对于异化问题的批判。异化的概念告诉我们，在资本主宰的世界历史中，人异化为自己劳动对象的产品，结果就是人变成工具。这个结果应该说就是现代性逻辑的历史完成。人本身不能再把自身作为目的而只能作为手段。在异化概念的范围内，任何教育都是使得人成为工具的教育，都是促使人完成异化过程的教育。应该说，马克思的这个观察是对西方历史现代社会形成过程彻底完成的描述，也是现代历史逻辑贯彻到底之后的逻辑结果。因此，在马克思看来，任何成功的教育都离不开无产阶级的觉醒。只有打破异化的逻辑，完成彻底的人的解放，才能恢复人的全面自由。在马克思的教育思想中，完成人的全面解放、实现人的全面自由才是真正完成人的本质目的，任何一种人道主义的理论都只不过是一个环节上或者一个局部的关于人的目的的理论，不实现全面的解放，这些局部的理论是没有意义的。

马克思从多角度探寻启蒙精神的深层矛盾和超越途径，认为启蒙精神本身的内在矛盾不仅带来了巨大的社会问题，也孕育着超越的可能性，教育在实现超越的过程中是不可或缺的重要力量。现代教育应是面向所有人的教育，教育的内容和形式应对受教育者自由全面发展具有积极作用，并能够服务于社会发展的需要。要构建超越于资本主义的社会制度，必须实现教育的革新，发挥教育在整个政治社会设计中的积极作用。当今世界，多元文化相互交流、社会环境不断变革、各种社会思潮层出不穷，就教育实践来说，推行教育改革已成为不可遏制的时代要求和历史潮流。马克思认为，人在本质上是一切社会关系的总和，教育以人为对象，以人的自由全面发展为目标。我们应该看到，要实现教育的目标需要的不仅仅是对教育的改革，更需要变革人的社会关系。这就意味着，教育问题不仅仅是教育的问题，而是整个社会制度的问题，教育问题的解决方案必然要放在现代社会整体设计的视野之下来加以考虑。只有这样，我们才有可能真正理解现代教育所面临的困境，找到教育改革的前进方向。

我们通过教育理论的现代展开可以看到，现代教育设计困难的根源更多的来自启蒙精神带来的现代理论自身。启蒙精神在展开自身历史的过程中，既馈赠给我们的教育以现代才可能有的珍贵赠礼，也给我们遗留下许多不可避免的历史难题。认识这些问题的根源才能有针对性地提出解决的可能性方案。不过我们也要看到，启蒙精神并未尘封为过去，现代理论的历史仍然在展开之中，还没有完全穷尽他的可能性，教育也随着现代社会历史的进程不断更新自身面貌。这里，我们一方面回顾启蒙时期的教育思想来更好地观照现代教育理论的布局与结构，一方面，我们仍然需要在现代理论内部寻找当代教育问题的解决方案。马克思的教育哲学思想建基于实践唯物主义和历史唯物主义，从哲学、社会学、政治经济学等宽广视野对教育问题作出了深刻研究，将教育同他对政治的关注、同他的革命学说紧密联系在一起，高屋建瓴，达到了对教育认识的历史新高度。对我们来讲，加强马克思的教育思想研究和应用，是教育理论创新和教育改革实践的必然需要。如何实现理论与现实的互相结合和弥补则需要通过我们这个时代的人们艰苦探索才能够完成。

第五章　现代教育设计的焦虑与前途

启蒙运动作为欧洲在18世纪的重大事件，其历史随着法国大革命的结束而结束，然而，作为思想进程而言，它仍在不断渐次展开，具有不可磨灭的现实意义。启蒙运动在颠覆古典价值体系的同时构造出了启蒙价值系统，其独特的精神气质和思想原则一方面奠定了现代教育的哲学基础，另一方面也给现代教育遗留下合法性危机和消解性因素。处于启蒙精神双重遗产中的现代教育发展至今境遇如何？现代教育面对危机与挑战应何去何从？这是摆在我们面前必须回答的重要问题。

第一节　启蒙精神遗产中的现代教育设计

“启蒙”的本意在于引导人类走出蒙昧，在理性之光的照耀下为自己立法，构建现代政治社会。启蒙精神指引我们走出“自然洞穴”，带领我们走向一个开放性的世界，它本身强大的批判力量促使人类精神不断自我更新，其思维方式亦不断驱使人们观念的变革。然而当现代人历经了启蒙弃暗投明的过程之后却发现，我们所达到的并非启蒙期许的光明世界，从“自然洞穴”出走后人类又进入了为自身打造的“人造洞穴”。启蒙精神将理性、科学、进步作为根本价值诉求，用以作为评价一切的法宝，企图以此消解作为其对立面的神学。然而由于启蒙精神本身的特质，它又书写出了新的神话、建立了新的神学。启蒙精神充满了自负的幻觉，其不同面相之间纠结着复杂的对立与统一，有待我们进一步诘问。但是，即便如此，我们也不得不承认启蒙精神的遗产，特别是由它生发的现代性，至今仍然强劲地影响着我们生活世界的方方面面，启蒙精神所创造的思维方式仍是我们对现代社会反思的不可或缺的重要武器。正如卡西尔在《启蒙哲学》中所描述的：“启蒙运动为我们制作了一面明亮的镜子，一照这面镜子，许多我们今天视为‘进步’的东西变得黯然失色，许多我们夸耀的东西显得奇特变形”。当今天的我们在面对启蒙带给我们困惑之时，则需要一再返回启蒙时代，经由对启蒙精神的检讨与扬弃来寻求出路，对于启蒙问题的追问仍然需要我们“不断地再启蒙”来加以应对。

于现代教育而言，它的焦虑与前途都与启蒙精神深深纠缠在一起。启蒙运动自其创发以来便持续塑造着现代精神方式，教化着现代人的灵魂。现代教育自其萌生之日便随着启蒙理性成为时代精神而正式成为社会生活的一部分，它逐渐走出家庭和教堂，获得了它的独立的合法地位。更为重要的是，启蒙运动使人们打破了宗教神权的樊篱，个人的价值和尊严得到尊重，“我认为人类自身像这样被尊重是时代最好的标志，它证明压迫者和人间上帝头上的灵光消逝了。哲学家们证明了这种尊严，人们感到了这种尊严，并把他们被践踏的权力夺回来了，不是去祈求，而是把它牢牢地掌握在自己手里”。[1]随之而来，接受教育也不再是仅限于少数人的特权，而成为一种世俗的、人人得以享有的权利。随着科学技术的发展，大工业生产的需要，更使得人人接受教育不仅成为可能更是社会发展的必然要求。同时，教育的主要使命和话语形式也在启蒙运动之后空前逆转。笛卡尔、培根的理论既突出体现了理性奠基的精神，其基本叙述模式也奠定了科学话语的结构，自然科学逐步完成了它的理性化过程，成为寻求真理的理性活动，人们对世界的理解也逐渐趋于机械化。随着近代自然科学突飞猛进的发展，科学话语成为宰制性的话语方式，现代知识基本样式的构建无可幸免地深受影响，现代教育的精神气质随之形成，“现代教育可以说是以科学知识为主要内容，以满足个体和社会的世俗需要为主要目的，以大众化为主要发展方向，以理性启蒙为主要理念的教育”[2]。

极力张扬人的主体性地位、倡导理性主义精神、崇尚科学力量、引领世界“祛魅”的启蒙精神及其所形成的价值观深刻影响着现代教育，在遗留下巨大财富的同时也留下了更为复杂的难题等待我们解答。

首先，启蒙运动以来，随着工具理性的扩张和技术文化的渗透，造成人本身的存在意义被遮蔽，人的丰满个性被挤压变形，现代教育的技术含量越来越高，而我们离教育的本质却越来越远。西方文化是以希腊哲学为源头的理性主义文化，它深刻影响着西

1 黑格尔：《黑格尔通信百封》，苗力田译编，上海人民出版社 1981 年版，第 43 页。
2 石中英：《知识转型与教育改革》，教育科学出版社 2001 年版，第 113 页。

方社会文明的发展进程。特别是启蒙以来，这种理性主义文化不仅催生了崭新的工业文明，而且几乎从根本上改变了整个世界的面貌。于是，在一些人看来，西方理性主义文化成了具有正统合法性的唯一标志。但是，随着工具理性的无限扩张，其弊病也日益暴露——传统价值观的失落，人际关系的冷漠，对物质的贪婪追求，对环境的大规模破坏以及接连发生的世界大战。当今的西方文化正像胡塞尔所说的，偏离了希腊的理性主义，变成了一种唯科学技术是从的技术文化，“现代人的整个世界观唯一受实证科学的支配，并且唯一被科学所造成的‘繁荣’所迷惑，这种唯一性意味着人们以冷漠的态度避开了对真正的人性具有决定意义的问题”[1]。技术文化的侵蚀、工具理性的扩张也直接影响着人们对于价值的判断和追求，工具理性要求通过最佳手段和最佳策略，以达到最优化和最有效的系统整合，经济、有效、合理成为最重要的价值衡量标准。工具理性导致事实与价值的分离，原先蕴含在事实之中的神圣价值被彻底剔除，“单纯注重事实的科学，造就单纯注重事实的人”[2]，现代教育中追求具有客观性、可实证的知识成为教育首要甚至是唯一的任务，教育原本丰富的内涵被抹杀，多样的层级划分被简单地碎片化。同时，技术文化对道德的摧残也是致命的，“反映在技术统治意识中的，不是道德联系的颠倒和解体，而是作为生活联系的范畴——全部‘道德’的排除。”[3]而更大

1 2 胡塞尔：《欧洲科学的危机与超越论的现象学》，王炳文译，商务印书馆 2001 年版，第 16 页。

3 哈贝马斯：《作为意识形态的技术与科学》，李黎、郭官义译，学林出版社 1999 年版，第 70 页。

的危险还在于，随着技术的统治渗透至社会的各个领域，给人们造成了一种假象——社会的发展仅仅是由科学技术的发展逻辑决定的。在工具理性和技术文化的包围之中，现代人面临着精神家园的沦丧和神圣价值的消解，现代教育也面临碎片化的威胁，并愈加远离其传承人类崇高精神品质、提高生命价值高度的根本目的。

其次，启蒙以来，个人的主体性地位、人的价值和尊严得到尊重的同时却也造成个人与公民角色之间的分裂，现代教育处于两者的裂缝之中无所适从。启蒙精神允诺了人的理性自由，人的主体性地位随之体现在现代生活的方方面面。启蒙是一种解放的力量，对人而言意味着依据理性思考的主体性自由。这种自由和解放带来了现代社会对传统社会的所谓超越，将人的意志自由和主体地位捧上人类社会前所未有的高度。然而随之而来的则是社会生活诸领域之间、个人与社会共同体价值观念之间的不可通约与互不相容。由此而产生的断裂最终造成个人与公民双重身份在人身上的价值难题。启蒙运动以来，处于这一巨大裂缝之间的现代教育所积极打造的正是“个人”及其与社会身份相结合的“现代公民”。不论是洛克开创的自由主义政治哲学及其教育思想，还是以卢梭为代表的自然主义道德教育哲学，都关涉着“健全个人”和“合格公民”的培养。其后众多的启蒙追随者都通过自己的理论构架为“个人”和“公民”两种现代人的身份注入了丰沛的运思，由此共同塑造了现代人的命运，在一定程度上加深了现代人的内在分裂。在追求培养出“健全个人”和“合格公民”时不能脱离时代提供的可能性视野，也无法摆脱时代的印记。面对启蒙遗留给我们的精神遗产和现代教育呈现的重重样态有必要作冷静的思考。只有坚持从马克思的实践唯物主义和唯物史观出发，辩证地分析看待启蒙精神遗产和现代教育，历史地分析看待古往今来对启蒙精神和现代教育的批判，才能寻找出现代教育的合理出路，才能为我国教育改革发展提供有借鉴意义的思想和方案。

第三，现代道德教育如何可能的问题。道德概念作为上层建筑的范畴随着社会基本生产条件以及意识形态环境的变化而变化。现代社会道德教育的问题也来自这两个层次因素的影响。随着科学技术以及现代工业社会的建立，人的普遍工具化作为工商业社会的必然要求不可避免地重新规定了现代人的本质概念。应当说，在人的普遍异化的情况之下，德性与道德的塑造如何成为可能是一个重大的问题。这个问题实际上也是进入现代以来的思想家普遍想解决的问题。我们对这个问题认识越深刻，就越是看到道德概念本身不是一个自足自在的概念，而是依附于作为整体的人类群体的政治哲学目的规划与人规划自身的需求。也就是说，道德概念本身不是一个无条件的绝对命令，而是一种人对于自身规划的设计。在古今问题的视野中，古代的德性概念使得对于作为动物的人的超越成为道德修养的目标。而在现代思想展开的过程中，从文艺复兴到启蒙运动，我们看到神圣领域的退场以及世俗化的展开不仅仅在道德领域也在整个文化基础环境中成为普遍的现象。现代道德的标准是以平均水平来评定个体而不是以超越于人的高贵人性来要求个体。造成这一结果的思想基础就是哲学的现代性原则的建立，即自笛卡尔以来的主体性原则的建立。我们可以看到，现代道德困境的深层基础是道德无法为自身的神圣性与超越性辩护，其原因正是从笛卡尔以来的思想方法的确立。直观的确定性以及现代哲人的基本思想原则使得原本自明的道德超越性成为不可信。非但不可信，这种超越性原则甚至要在怀疑的眼光之下被检验与质疑。现代人文学科的各个学科都是在现代思想原则之下建立起来的。现代的知识生产过程使得理性对于知识的生产的需求成为第一位的，而这些现代学科生产知识的方法与绝对的道德公理的确立正相反对。现代哲人从卢梭、康德、黑格尔到尼采都试图解决这个问题。卢梭的方案是在共和设计之中加入公民宗教的培养。卢梭非常清楚地意识到西方现代社会开始以来造成的对于伦理与道德基础的破坏。他的方案使我们看到，道德的人的培养与整个政治社会的规划息息相关。卢梭的方案历史地看，显然仍旧属于现代思潮的一种，因此也没能跳出导致道德困境的思想原则的范围。康德的解决方法是我们熟知的折衷的方法。康德的《实践理性批判》就是要解决理性原则自身扩张造成的对于道德生活的颠覆。康德限定理性的范围，为信仰留下地盘。但是在尼采看来，康德意识到了问题，却缺少彻底解决这个问题的勇气。在尼采看来，彻底解决道德问题的方法不是靠哲学家的思辨，而是靠超越哲学家群体的政治哲人塑造出新的欧洲文化。在尼采看来，现代性的理性精神会导致积极的与消极的虚无主义。道德教育困境的深层原因根植于现代思想原则之中。从康德到尼采再到海德格尔都致力于建立一种新的哲学或者新的文化来解决这个问题。这个新文化，我们还没有看到。另外一个方向上的现代哲人探究如何在不颠覆现代思想原则的基础上构建道德概念。卢梭的努力就是如此。我们也能够看到，这些努力抵挡不住世俗化与虚无主义的冲击，也抵挡不住工商业社会普遍的工具理性的冲击。现代道德教育的困境，就是在这些多重的危机共同作用之下产生的。

由此我们可以看到，启蒙建立了自身新的传统与统治性地位，现代教育设计正是配合这种新传统的形成与精神内核的品质建立起来的。现代教育既是新的时代精神的反映，也是时代难题的展示。这些问题说到底是文明命运的问题，从现代思潮展开以来，卢梭到马克思再到尼采、海德格尔、哈贝马斯等西方哲人就不断地试图解决这些问题。我们对这些问题的起源以及各种解决方案仔细梳理，有利于我们思考作为中国文明应该怎样选择自身的道路。毕竟，教育不是别的，既是政治设计的基础部分，又是整个文明方向的基础部分。

第二节　现代教育设计困境的根源以及前途

我们考察启蒙时期的教育哲学及其价值为的是回答我们时代关于教育的问题。我们需要什么样的教育概念？我们需要什么样的教育内容与目的？我们需要培养出什么样的人？这些问题并不是教育本身能够回答的。通过历史的分析我们能够看到，回答教育哲学的基本问题需要至少两个更基础层面的支持。这两个层面一个就是纯粹哲学或者第一哲学考察的基础本体论问题，也就是要回到："什么是人？何为人道？"另一个层面就是政治哲学话语环境的考察，这个层面主要就是要解决"需要培养什么样的人的问题”，也就是处理哲人与大众、启蒙与理性、政制与教育之间的关系问题。要回答我们时代教育特有的问题需要有扎实的历史的回顾与反省。同时，也需要借鉴现在西方思想家对于现代问题的批判性意见。

一、现代教育陷入困境的根源

在当代西方思想家施特劳斯看来，“现代性的危机表现或者说存在于这样一宗事实中：现代西方人再也不知道想要什么——再也不相信自己能够知道什么是好的，什么是坏的；什么是对的，什么是错的。”[1] 在这个简朴的表述中，我们看到的问题是：价值判断被驱逐了，或者说工具理性成为宰制性的意识形态。前面的考察让我们看到不管在古希腊还是在古代中国，建立一个追求德性或者追求至善的国家是无条件的目的，根本不用论证。而教育的目的就是使得人成为配得上“人”这个称呼的修养过程，使得人知道自身与禽兽的区别何在，知道自身的尊严何在。所以我们看到在儒家那里，孟子让人时刻省思“人何以异于禽兽？”的问题。在他那里，教育不是别的，就是使得人意识到自身作为人的规定性以及自觉性。这个区分是人对自身尊严的自觉。没有这个自觉，在古典哲人那里甚至连“成人”都称不上。知礼乐、懂羞耻就是成人的标志。所以我们看到，在传统文化中或者说在中国古典哲人那里，教育不是别的就是修养与修行。视、听、言、动皆中乎

1 施特劳斯：《苏格拉底问题与现代性》，《施特劳斯讲演与论文集》卷2，彭磊、丁耘译，华夏出版社2008年版，第32页。

礼而后能称为受过教育。与此相关，古典的教育概念特别是在儒家那里，从来不是一个技术性的问题。在儒家看来，教化是比一般政治更加重要、更加基础的政治实践。教化可以“立天地，育万物”。这种在更广大精微层面的建设才是决定一个国家政治品质以及长治久安的基础所在。这种设计贯穿了传统“礼—法”国家的设置。礼是更根本的制度，而不是法。法是礼的延伸与补充。对于儒家而言，只用法律治国显然是下策，而且不会成功。只有将法律的基础建设好才可能长治久安。我们看到，在儒家那里，教化问题与政制的问题紧密相关。教育问题在整个政治哲学体系中占据了根本的位置。这些传统的资源在我们考虑现代教育问题的时候并不是没有意义的。

在古希腊哲学家柏拉图那里，教育问题也是牵涉到整个理想城邦建设的中心问题。在《理想国》的核心章节，柏拉图讨论的就是教育的问题。不过在整个柏拉图哲学体系中，值得注意的是，哲人与大众之间的关系也是决定教育问题的一个基础。这个问题集中反映在柏拉图的洞穴比喻之中。在洞穴比喻中，哲人挣脱铁链走出洞穴之后，发现一个问题：人不能长时间地盯着太阳。这意味着，哲人需要重新回到洞穴之中，与那些仍旧只能看到阴影的同胞相处。这里就有两种可能性：第一，哲人不能直接告诉大众真相，如果那样非但不能让大众相信，还使得哲人自身处于危险之中；第二，就是现代哲人采用的态度，不加区分地将真相告知大众，随之而来的可能是混乱。柏拉图显然采取的前一种办法。这种办法也是古典哲人普遍采取的途径。大众与哲人之间的关系也决定了教育的内容以及方式问题。而第二种办法就是启蒙的态度，不再相信超验的领域，而只求助于人类自身的手段与能力。这种世俗化的进程是与整个国家目标的世俗化相一致的，也是与工具理性逐渐占有统治性地位相一致的。我们在考察现代政治话语的历史时已经看到，世俗化、人民主权、契约论以及自然法等现代政治话语是如何逐步取得统治性权力的。这些话语也直接影响了教育哲学话语的展开。而现代政治理性主义或者现代性的政治话语导源于启蒙运动。在本文中，就是随着历史的发展检视了主要的几位现代哲人的教育思想，以致力于理解关于教育的现代话语是如何逐步成型的，并从中探索造成今天现代教育困境的根源到底是什么。

在潘戈看来，在古典政治理性主义那里"中心主题是德性，或者说人的美德。苏格拉底及其追随者们尤其专注的问题是：德性是什么？它可以教吗？如果可以教，如何来教？什么样的教育才能造就一个完全的公民以及完全的人？何为一个有德的治邦者以及公民？什么样的政制最能促进德性或美德？"[1] 而正如我们在考察近代政治思想的起源的时候看到的，这一主题被现代哲学逐步替换掉了。这个替换就是以笛卡尔为代表的近代哲学重新寻获自己的地基之后对于主体性的强调。这种强调重构了传统中关于正义、共同体以及国家社会起源的理论。教育理论就是在这些基础问题得到决定之后随之发生转变的。这些问题并未成为历史陈迹，而是这种古典与现代理念的对立仍然构成我们现在的生活，影响着今天的现代教育发展转变。

---

1 施特劳斯：《古典政治理性主义的重生》，郭振华译，华夏出版社 2011 年版，导言第 10 页。

在现代哲人这里古老的德性的传统面临着巨大的困难，他们认为古典的理性传统错误地以为发现了一种客观的至善，或者超验的作为目的的善，并用这种发现来作为一切设计的目标与条件。现代哲人不承认这种引导，他们发明了新的指导条件。在这发明中，霍布斯是一个集中表述者。“霍布斯用保存自己来理解自然法，而在他之前，自然法是借助诸目的的等级秩序得到理解的，在这个目的等级中，保存自己的位置最低；与此相关，自然法终于被首先理解为保存自己的正当权利——这个发展过程的最终结局就是，用人的诸种权利取代了自然法（人取代自然，自然取代法）。”[1]也就是意味着，从霍布斯成体系的论述中，第一原理不再是神义论的，而是人义论的。这种胜利不仅仅是政治权利话语的一次大的转型，也是教育话语的转型条件。霍布斯以反对共和主义的自由为主要面貌，首次对什么叫作自由人作了全新的分析。[2]共和主义的自由主义者认为，只要有专断权力，就会导致共同体内的公民处于奴隶状态。这种激进的立场是导致克伦威尔时期英国内战的一大原因。霍布斯为数不多的关于教育的思想是以对修辞学的强调出现的。而这些思想针对的就是共和主义自由观带来的混乱。霍布斯是传统人文主义教育的受惠者，他自己仍然具有一定的西方传统因素。其表现之一就是知道写作的对象与写作风格之间的协调。“在《利维坦》中，霍布斯显然认为自己在跟一类新型的听

---

1 列奥·施特劳斯：《苏格拉底与现代性》，《施特劳斯讲演与论文集》，华夏出版社 2008 年版，第 38 页。

2 参考昆廷·斯金纳：《霍布斯与共和主义自由》，管可秾译，上海三联书店 2011 年版，结语部分。

众说话，这批听众来源更广泛，但接受过良好教育的则比较少。”[1]也就是意味着，霍布斯仍旧继承了传统的写作方法：写给大众看的与写给精英看的技法是不同的。在政治思想史家斯金纳看来，《论公民》就是写给精英看的。而1640年英国革命，在霍布斯看来就是“英国自然的、文明的智力发展的疯狂中断。”“英国这场革命像是新古典和反律法主义的修辞艺术的胜利，是这种修辞艺术的非理性的但压倒一切的力量对于科学与理性的弱小力量的胜利。”[2]正是共和主义的自由论调导致了以布坎南为代表的无政府主义的极端主义，这种极端的倾向造成英国内战时期意识形态上的混乱。而霍布斯开出的对治之策是：使用修辞学训练对治这种似是而非的理性混乱。霍布斯对修辞学的强调是因为修辞学，尤其是诗歌艺术控制着公民生活。霍布斯强调教育中修辞学的内容在政治思想史家看来直接针对的是当时英国的政治局面。这样在我们看来，在霍布斯那里，首先，关于人的原则成为第一原则，并开始以此原则建构各类话语；其次，他对教育问题的关注与当时他对英国局面的关注息息相关，并且认为，相应的教育内容会挽救造成英国革命混乱的危局。教育问题在霍布斯这里是一个服从于大局的技术性环节。霍布斯以及其他现代哲人构建的教育哲学话语基本上都服从于这两个原则。这个特点在与古典教育哲学的原则相比较时更为明显。这也是为什么我们说即便现代哲人在教育中强调德性也显得苍白的原因，这些话语服从于人义论的第一

---

1 2 昆廷·斯金纳：《霍布斯哲学中的理性与修辞》，王加丰、郑崧译，华东师范大学出版社2005年版，第450页。

原则，只能做出象征性的姿态，而不能以构成性的力量去影响整个体系。

比霍布斯更加彻底地为现代话语奠基的是洛克。如果说霍布斯体系中仍有威权主义的因素时，那么在洛克那里建立的现代话语体系就是彻底地建立在自然状态以及人权基础之上了。“当洛克拒绝了霍布斯的主权者以及霍布斯式的行政与宗教权威合一的时候，他就奠基了自由主义。”[1] 洛克哲学话语方式同样可以在更早的思想史背景中找到先行者。不过有研究者认为，洛克话语的一些有影响的部分，恰恰是来自前现代的话语资源。“比起有些与他同道的启蒙思想家，洛克可以说与其前人具有更多的共同点。……洛克对先前的道德、政治和宗教传统做出了更多的肯定，他对政治的理解与中世纪的立宪主义有更多共同点。他对道德的理解反映了早前的立场，包括斯多葛主义，他对宗教的理解则从与他同时代的新教上吸收了很多。”[2] 这种温和的特质使得洛克哲学更加富有弹性，经过美国式的混合，终于成为联邦主义者以及美国建国立宪的哲学基础。研究洛克哲学除了具有思想史的意义，对理解美国的宪法哲学基础以及美国历史都是必需的。研究洛克政治哲学实际上就是研究所谓美国精神的哲学基础。

洛克对于教育哲学至关重要的有两点：（1）在认识论问题上的“白板论”；（2）在教育问题上权威问题的回归。洛克是英国

---

1 迈克尔·扎克特：《洛克政治哲学研究》，石碧球等译，人民出版社 2013 年版，第 11 页。

2 迈克尔·扎克特：《洛克政治哲学研究》，石碧球等译，人民出版社 2013 年版，第 18 页。

经验主义的重要代表，与德国莱布尼茨的唯理论针锋相对，在认识起源问题上持经验决定的态度。人的心智原先就是白板，经过经验的刻画才出现知识。经验是知识的唯一来源，没有天赋观念。洛克的经验论看起来只是知识论问题，实际上是在认识论领域将超验的范畴驱逐出去。一切起源问题实际上就是“历史”知识的问题。而历史知识是现代哲人认识方法的重要特点。这个特点就是一切都通过历史的回顾来确定知识的起源。历史主义的后果就是一切问题都以经验为最终的判断标准，除此之外的超验概念一律都是可以被舍弃的假设。经验主义的历史溯源开始建构一整套知识是如何起源的理论或者叙述。这种叙述也是影响教育哲学的基本架构之一。通过这种知识论的构造，特定的教育范式就被确立起来。而这种历史性溯源的方法与同时期启蒙哲学家对于社会、国家等问题的历史性溯源一样，服务于启蒙哲学家新的理论构造。例如，对于“自然状态”在国家起源中的地位的论述。这些新构造出的理论最终成为统治性的知识形态。这些知识形态通过提供特定时代合法的语法的方式掌控话语权。除此之外，这些话语方式的附加影响就是，超验性的概念与理想性的目标都被作为第二阶次的概念贬值了。世俗的人变成中心。并且，凭靠人的设计与启蒙我们就可以达到建设一个理想国度的目标。如果说洛克之前的哲人还有神学或者前现代的因素的话，那么洛克可以说彻底摆脱了这些因素的影响。而这个新建的现代性的理想在历史中仍旧处于壮年时期。

洛克教育哲学中有趣的问题在于：他主张人民主权论、革命的权利以及建立在权利之上的国家观，自由是他整个体系的中心，然而在家庭教育中，他又将权威的概念作了保留。这个看起来似乎矛盾的地方让我们觉得洛克的体系实际上不是看上去那么自洽，虽然洛克自己能够自圆其说。洛克认为父亲具有对孩子教育的天然权威，并且没有这种权威就不能成功地培养出合格的公民。这里的教育概念与霍布斯那里一致，都是将培养合格的公民或者服务于完满政制作为目的的。权威概念在这里是必需的，但是不同于他的前人作出的类比，将权威概念推广至更广大的政治领域不同，洛克严格限定这种权威的范围。绝不认可作为契约后果的国家具有这种权威性。而这种家长式的权威性曾经是不言自明的公理之一。现在洛克将这个公理放逐掉，而代之以其他公理。公民宗教就是洛克等现代哲人发明的替代物。公民宗教在洛克这里也是必要的一种教育途径，而且相当重要。这一点在马基雅维利那里就已经得到认可。宗教是建立一个强大国家的基础。这一点亚伯拉罕·林肯以及托克维尔都认可。他们都认为，无模式的政治生活要求一个道德基础而不是民主，而宗教就为这种道德基础提供了基础。托克维尔将美国的成功归功于民主与宗教的相互支持。应该说，洛克所属的时代离宗教改革与欧洲的宗教战争已经有时间距离了。这段时间内大批的神学家以及哲学家在思考政教关系上的巨大努力使得洛克时代思考政教问题不再具有像先辈一样的难度。洛克通过承认公民宗教的必要性实际上在神权问题基本已经解决的时代解决了权威的问题。公民宗教不直接参与政治行动，但是保存了一定微观权力的权威。通过公民宗教权威的教育，大众的道德以及基本共识得以维系。这种教育途径实际上提供了民主政制不可或缺的意识形态（神学）基础。但是这种新的神学又是被褫夺权力的权威。洛克的教育哲学应该说不管是在家庭教育还是在公民宗教问题上都值得我们进一步仔细研究。

不能说现代教育哲学中没有道德教育的内容或者德性的概念，只不过这些概念在现代性前期的或者说第一波次的现代哲人那里处于从属的地位。但是，我们只要注意一下西方文明史的历次重要运动就能够看出一点问题。启蒙运动之后紧跟着的就是浪漫主义运动。浪漫主义运动是对启蒙运动的反动，同时也是现代性的又一次开端。这个转折点上的代表人物就是卢梭。卢梭的成名作的主题就是科学和艺术对于敦化人伦没有好处。这正是对于前期现代哲人的反动。在此前的时代风潮中，哲人们着力做的就是将道德问题或者宗教问题还原为技术问题。用经济概念或者历史结构的概念去重新讲述关乎国家概念起源等重大问题的新理论。卢梭显然对前辈们这样处理问题并不满意。卢梭通过重新描述自然状态以及社会的起源描述了一幅乌托邦的画面。这些画面充满了怀旧，而主题就是对于人类德性的怀念。卢梭的教育哲学也是围绕这个问题展开。卢梭的社会契约论中有一个问题，从自然状态到文明状态的过渡需要契约。这个契约既是对于自然状态的回返也是对于文明状态造成的不平等的克制。契约需要一个化身，或者说需要一个实在的概念作为承担者。这个承担者就是“公意”，或者叫“一般意志”。这样，现代哲人创造了自己的另外一个基础概念。我们可以看到现代哲人不断地否弃传统的概念，而又不断地发明新的实在性概念。概念的实在性使得新构建的话语成为合法的、可理解的。“人民主权”“自然状态”以及“自然法”等概念的发明与语法的新创作就是典型的例子。某种意义上，考察教育哲学的基础概念就是考察基础概念话语权力的转移与替换的历史。正是这一点使得福柯的知识考古学成为可能。卢梭的概念创制处在现代哲人一直以来的矛盾中：不断地在“实在”与“应在”之间摆动。卢梭前辈的一般做法就是将“应在”降低到“实在”的地位，或者将“应在”当成人类最普遍、最强烈的激情。这样实际上就将人类对于自身的理解降到很低的水平上。“应在”所具有的超验的权威性以及道德感的优越性越来越弱，而对“实在”的历史性知识描述具有了越来越重要的位置。卢梭处理这个问题使用的是“公意”这个概念。在卢梭看来既是“实在”也是“应在”。客观化了的概念具有叙述的合法性。这使得“人民主权”具有一个具体的承担者。人们可以使用“公意”来代替上帝的权威来宣判，以“公意”的名义开展革命运动。

这里可以看到卢梭展开的是一种崭新的政治话语。他认为以德性为中心的教育哲学强调的问题是：不是明白人是什么而是明白人应该成为什么。教育的中心问题即在培养了解并承担“公意”的公民。所以我们可以看到，卢梭教育哲学面临的问题同样也是在这个“公意”的问题上。发明新的“应在”固然可以解决体系性的需要，但是也带来新的问题。公意的最大问题就在于它建立了新的合法性的标准。这个标准就是：不能普遍化的意志就是不合法的。这个律法在康德哲学中得到集中的体现。但是问题是，这样一来，道德律就成为“人为自然立法”，就成为纯粹主观的、历史性的、形式化的律令了。实际上，我们可以看到，卢梭的后继者康德在《实践理性批判》中，集中处理的难题就是这个会导致道德虚无主义的问题：道德律不再是客观的了。以康德为代表的近代哲人一直以来想解决的问题就是如何克服道德虚无主义的问题，而这个问题导源于卢梭以及比卢梭更早的现代哲人。这个问题也是教育哲学中道德教育部分最大的难题所在。“虚无主义时代道德教育为何失效?”如果不清楚这个问题的思想史渊源，就很难搞清楚原因。并且，更不堪的结果还可能是将导致道德虚无主义的原因当成医治虚无主义的药方。这种饮鸩止渴的事情在我们当前的教育思想领域并不少见。在明白了这个问题之后，我们就能明白卢梭教育哲学中的创新与后遗症并存，就会明白我们现在教育哲学中的最大难题之一：道德虚无主义的问题的起源。这是我们研究卢梭哲学对我们教育哲学研究的最大启发之一。我们现在需要看清的是，解决办法何在呢?或者恢复一种传统的关于德性问题的言说方式；或者按照现代哲人的设计，继续完善理想政制的设置，使之避免各种问题与危机。我们正处在这个历史的展开之中。

二、现代教育革新的方向与前途

与我们的命运纠葛更深的现代哲人是马克思，对世界历史有如此深远影响的现代哲人没有人能够与马克思相比。如果说我们现在仍然生活在现代世界的历史展开中的话，那么马克思作为一个伟大哲人的意义就远远没有过去。只要资本的全球化仍然在进行中，马克思的这些关于人的解放与人的教育的理论就不会丧失生命力。毋庸置疑，全球化的浪潮仍旧是历史发展潮流不可阻挡的趋势。类似于工业现代化，我们当初在将现代化描述为美好的图景时，没有想到雾霾的问题，没有想到环境代价的问题，也没有想到工业现代化实现之后我们的问题似乎并没有更少。同样的道理也存在于我们的教育之中。我们在努力推动现代教育发展的时候也应该想到我们会得到一个什么样的结果；为了避免重走西方文明的老路，我们的现代教育又应该考察哪些问题，注意哪些因素。这些问题需要通过仔细的文本梳理以及历史渊源的考察，需要全面考虑西方思想家对于现代教育问题的不同看法，更需要从马克思的实践唯物主义和唯物史观出发，辩证的分析看待启蒙精神及其后果，只有这样才能寻找出现代教育的合理出路，才能为我国教育改革发展提供有借鉴意义的思想和方案。

众所周知，马克思为我们留下了丰富的思想遗产，许多当代的研究者都认为，马克思是批判性反思现代社会的真正的先驱者，“卡尔·马克思是第一位使现代与前现代形成概念并在现代性方面形成全面理论观点的主要的社会理论家”[1]。他对资本主义社会的深刻洞察，无不蕴含着对启蒙精神和现代社会的反思。马克思对现代社会的诊断基于对社会历史发展的深入考察，运用唯物史观，沿着经济哲学的分析路径，提出了消除现代危机的方案。马克思从截然不同的批判立场出发，牢牢地抓住了现代社会问题的本质。因此，我们有必要研究马克思对启蒙精神和现代社会的批判思想，用马克思的观点立场分析现代教育，探寻现代教育问题的解决思路。

首先，马克思立足于唯物史观，辩证分析启蒙精神的价值，厘清现代教育发展演变的整体背景。启蒙运动肯定人的理性的价

1［美］斯蒂芬·贝斯特、［美］道格拉斯·科尔纳：《后现代转向》，南京大学出版社2002年版，第100页。

值，激励人们运用自身的理性抵御宗教、政治、自然等权威约束，使人积极主动地认识自己及周围世界，从而不断创新科学知识，并将其运用于社会大生产，大幅提高了生产力，创造出丰富的物质财富。启蒙精神衍生的现代性在推动人类文明发展中亦发挥了革命性作用，它带来的社会变革促使人类文明迈入历史发展的新阶段。“现代社会变迁同史前生存到人类生活、原始社会到文明社会一样，具有同等的重要性，在指导人类事物方面，这场伟大的革命性转变是最富动力性的。”[1] 马克思高度评价现代工业，认为正是人的理性力量推动了社会生产力的快速发展。同时，现代工业不仅创造社会物质财富，而且通过生产分工体系的建立，改变了人与人之间的交往关系，打破了传统农业社会自给自足的生产模式，促使农业社会向工业社会转型，加快了社会城市化和现代化的进程。生产变革产生的巨大力量还要求不断开拓产品市场，建立与现代化生产相适应的世界市场。这促使世界各地之间的交往联系更加密切。世界市场的形成带来了现代性的全球化扩张，在客观上冲击改造了落后地区的面貌，改变着这些地区的经济运行方式和人们的生活方式，促进了地区政治经济文化的发展。现代社会的形成与发展彰显出科学与理性的巨大力量，促进了人们生活方式的转变和思想观念的变革，也影响和敦促着现代教育的变革进程。

其次，马克思从剖析社会现实经济活动出发，揭示商品、货币、资本背后的秘密，找到形成人的异化的真实原因，揭露现代

1［美］布莱克：《现代化的动力》，浙江人民出版社 1989 年版，第 4 页。

社会问题的实质，也为现代教育改革提供理论依据。马克思对现代社会的诊断是从商品开始的。商品之中蕴含着价值、利润和资本，资本主义社会将追求商品利润的最大化作为社会发展的动力，以最大限度地追逐利润作为自己的目的。商品被神化，商品拜物教的盛行，这也给现代社会带来了问题。马克思通过对商品的分析，进一步揭示资本的秘密。马克思认为“资本不是物，而是一种社会关系”[1]，资本是一种动态的运动，其运动的基本逻辑就是不断增殖，无限制地复制自己。在资本主义生产方式中，“劳动是酵母，它被投入资本，使资本发酵”[2]，资本家追求资本的增殖，必然要延长劳动时间，提升劳动效率，从工人身上榨取剩余价值。然而，“工人生产的财富越多，他的产品的力量和数量越大，他就越贫穷。工人创造的商品越多，他就越变成廉价的商品。物的世界的增值同人的世界的贬值成正比”[3]，物的世界的过度膨胀造成人的世界的极度压抑，这成为资本主义社会本末倒置的最为典型的现象。马克思认为，劳动产品是人类劳动的结晶，凝结着人的智慧和体力，但是在资本主义条件下，人同自己的劳动和劳动产品是分离的，受劳动产品的支配。在资本主义生产关系之下，人只有通过劳动才能满足最基本的生存需要，是为劳动产品而活、被劳动产品所控制的，劳动不再是人的内在的必然要求，而成为外在于人的被迫的活动，劳动被彻底异化。异化了的劳动将自我的自由活动贬低为谋得生存的手段，劳动产品和货币变成支配人的

---

1 俞吾金：《马克思对现代性的诊断及其启示》，《中国社会科学》2005 年第 1 期。

2《马克思恩格斯全集》第 46 卷（上），人民出版社 1979 年版，第 256 页。

3《马克思恩格斯全集》第 42 卷，人民出版社 1979 年版，第 90 页。

强大的异己的力量。劳动产品和劳动的异化，归根到底是人的异化，这是由资本主义社会制度造成的。马克思区分了现代社会问题呈现的表面现象和深层次的背后原因，深刻批判了资本主义生产方式对人的统治和现代社会危机，也为现代教育改革提供了理论指导，启示了改革方向。

第三，马克思深入分析启蒙精神自身的缺陷，提出应将人的自由全面发展和全人类的解放作为现代社会发展的最高目标，为现代教育的改革指出前进的方向。启蒙思想家推崇理性和科学的作用，追求人的自由和幸福，然而纵观启蒙带来的现实结果，发现启蒙最终走向了反面，不仅没能兑现人的自由发展的承诺，反而给人套上新的枷锁。马克思毕生的努力就是为了实现人的自由全面发展和全人类的解放。在马克思看来，世上没有救世主，要实现人的自由全面发展必须依靠人自身。科学技术被大规模应用于社会生产虽然给人带来了负面影响，但科学技术的发展也在人类社会发展过程中作出了巨大的贡献，为人的解放做着准备。科技的发展增强了人的活动能力，扩大了人的实践范围，改造着人的生活。科学技术的创新应用是人的活动的产物，科学技术的力量是客观的，但要发挥科学技术的作用关键取决于人，受到人的社会关系的制约。在资本主义社会，由于资本主义生产关系本质的决定，人并没有因为科学技术的发展运用获得更多的自由支配时间，得到更好的劳动条件，改善自己的生活质量，反而是人被科学技术绑架，受其统治，成为发明创新科学技术的工具和手段。因此，最根本的不是改造科学技术本身，而是改变现实的社会制度。启蒙精神本身孕育着超越的可能性，它的发展必将造成对于资本主义生产方式的扬弃。除了科学技术，马克思认为，启蒙精神还包含着在人类社会发展历程中发挥过积极作用的精神财富，如自由、平等、民主、法制，等等。由于资本主义制度本身的缺陷，这些富有价值的精神要素最终成为掩盖资本主义罪恶的面纱。对启蒙精神的批判是为了促进人类社会进一步向前发展，这也是马克思批判启蒙精神的最终目的。马克思通过考察资本主义社会现实生活，客观分析了科学技术带来的生产力发展对人类社会变革的进步意义，辩证评价了资本主义发展过程中形成的精神要素的积极价值，提出将启蒙精神和现代性中的有益因素整合到人的自由全面发展的目标之中，使之成为促进人的解放的积极力量。这不仅克服了以往对人的发展目标的理解的局限性，也使人的自由全面发展和人类解放获得了现实基础，呈现出马克思对启蒙精神和现代性批判的独特立场，同时还为现代教育改革指出了前进方向。

启蒙的核心意义为“照亮”，启蒙理性倡导人的自由，认为自由是人生而有之的、不可剥夺的权力。在深入分析之后，马克思和恩格斯对启蒙理性作出了客观的评价，“他们不承认任何外界的权威，不管这种权威是什么样的。宗教、自然观、社会、国家制度，一切都受到了最无情的批判；一切都必须在理性的法庭面前为自己的存在作辩护或者放弃存在的权力。思维着的知性成了衡量一切的唯一尺度”[1]。启蒙精神奠定了现代教育的基本理念，启蒙运动之后，科学技术迅猛发展，现代社会逐渐成形，现代化的大

1《马克思恩格斯选集》第3卷，人民出版社1995年版，第719页。

工业生产对教育提出了新的要求。现代教育顺应社会发展要求，重视培养人的理性和自我意识，教育学生运用理性摆脱不利于个人自由发展的束缚，这推进了教育的民主、平等进程，促进了教育实践的发展，也带来了科学知识的繁荣。但是，我们不应忘记，现代教育除了上述任务，更重要的是要消除人的异化状态，实现全面自由发展的目标。

马克思对教育哲学的深远影响首先在于他对于异化问题的批判。异化的概念告诉我们，在资本主宰的世界历史中，人异化为自己劳动对象的产品，结果就是人变成工具。这个结果应该说就是现代性逻辑的历史完成。人本身不能再把自身作为目的而只能作为手段。在异化概念的范围之内，任何教育都是使得人成为工具的教育，都是促使人完成异化过程的教育。应该说，马克思的这个观察是对西方历史现代社会形成过程彻底完成的描述，也是现代历史逻辑贯彻到底之后的逻辑结果。因此，在马克思看来，任何成功的教育都离不开无产阶级的觉醒。只有打破异化的逻辑，完成彻底的人的解放，才能恢复人的全面自由。在马克思的教育思想中，只有完成人的全面解放实现人的全面自由才是真正完成人的本质目的。任何一种人道主义的理论都只不过是一个环节上或者一个局部的关于人的目的的理论，不实现全面的解放，这些局部的理论是没有意义的。

构建新的社会制度克服资本主义生产关系和社会制度之下深刻的内在矛盾，使人能够得到全面发展，过上自由幸福的新生活是马克思对未来理想社会的基本设想。教育是实现社会发展目标的重要手段，换言之，只有适应社会发展需求、有助于社会进步的教育才具有存在的价值。马克思提出教育需要改革，应与生产劳动相结合，确保劳动者素质全面发展以适应时代发展的需要。这就解答了一直困惑我们的个人与公民双重身份如何协调一致的问题。马克思认为单方面强调个人或者社会都是一种形而上学的态度。个人的发展与社会的进步之间不存在矛盾，社会为个人发展提供保障，为个人才华的施展提供舞台，个人则通过学习教育提高自身素质，为社会发展提供智力支持。人生活于现代社会中，应当将个人与社会公民双重身份协调起来，不能单纯追求个人的自由发展忽视社会的现实需要。在社会发展过程中，也不能片面强调社会的需要而忽视对个人的成全。现代教育革新正是要两全教育的社会性和教育中人的主体性。此外，由于工具理性的扩张，使受教育者掌握更多的科学知识成为了现代教育的全部期待和努力方向，人的高尚精神的培育被忽视，这也是现代教育发展中遇到的重大困难。马克思的教育哲学似乎也体现出对生产实践的强调。但是我们不应该忘记，综合技术教育只是诸多教育内容中的一部分，除此之外，教育还包含着智育、体育等内容。培育全面自由发展的个人才是教育的最终目的，科学教育和人文教育均不可偏废。

综上所述，马克思从多角度探寻启蒙精神的深层矛盾和超越途径，认为启蒙精神本身的内在矛盾不仅带来了巨大的社会问题，也孕育着超越的可能性，教育在实现超越的过程中是不可或缺的重要力量。现代教育应是面向所有人的教育，教育的内容和形式应对受教育者自由全面发展具有积极作用，并能够服务于社会发展的需要，要构建超越于资本主义的社会制度，必须实现教育的革新，发挥教育在整个政治社会设计中的积极作用。

我们通过教育理论的现代展开可以看到，现代教育设计困难的根源更多地来自启蒙精神带来的现代理论自身。启蒙精神及现代理论在展开自身历史的过程中，既馈赠给我们的教育以现代才可能有的珍贵礼物，也给我们遗留下许多不可避免的历史难题。认识这些问题的根源才能有针对性地提出解决的可能性方案。不过我们也要看到，启蒙精神并未尘封为过去，现代理论的历史仍然在展开之中，还没有完全穷尽它的可能性，教育也随着现代社会历史的进程不断更新自身面貌。这里，我们一方面回顾启蒙时期的教育思想来更好地观照现代教育理论的布局与结构，另一方面，我们仍然需要在现代理论内部寻找当代教育问题的解决方案。对我们来讲，最好的道路仍旧是一种古典与现代相结合的文明之路，但是如何互相结合与弥补却是需要通过当代的人们艰苦探索与摸索才能够完成的。

参考文献

一、主要著作

[1]《马克思恩格斯选集》(第1—4卷)，人民出版社1995年。

[2]《马克思恩格斯全集》(中文第2版)，人民出版社。

[3][德]马克思:《资本论》，人民出版社2000年。

[4][英]霍布斯:《论公民》，应星、冯克利译，贵州人民出版社2003年。

[5][英]霍布斯:《利维坦》，黎思复、黎廷弼译，商务印书馆1985年。

[6][英]洛克:《政府论》，叶启芳、瞿菊农译，商务印书馆1964年。

[7][英]洛克:《人类理解论》，关文运译，商务印书馆1983年。

[8][英]洛克:《教育漫话》，傅任敢译，人民教育出版社1963年。

[9][荷]斯宾诺莎:《神学政治论》，温锡增译，商务印书馆1996年。

[10][荷]斯宾诺莎:《伦理学》，贺麟译，商务印书馆1997年。

[11][法]卢梭:《社会契约论》，何兆武译，商务印书馆2003年。

[12][法]卢梭:《爱弥儿》，李平沤译，商务印书馆1978年。

[13][法]卢梭:《论科学与艺术》，何兆武译，商务印书馆1963年。

[14][法]卢梭:《论人类不平等的起源和基础》，李平沤译，商务印书馆2009年。

[15][法]卢梭:《忏悔录》，范希衡译，商务印书馆1986年。

[16]苗力田译编:《黑格尔通信百封》，上海人民出版社1981年。

[17][德]黑格尔:《哲学史讲演录》，贺麟、王太庆译，商务印书馆2013年。
[18][德]黑格尔:《法哲学原理》，范扬、张企泰译，商务印书馆1961年。
[19]孙周兴选编:《海德格尔选集》，三联书店1996年。
[20][德]海德格尔:《尼采》，孙周兴译，商务印书馆2002年。
[21][英]昆廷·斯金纳:《近代政治思想的基础》，奚瑞森译，译林出版社2011年。
[22][英]昆廷·斯金纳:《马基雅维利》，译林出版社2014年。
[23][英]昆廷·斯金纳:《霍布斯与共和主义自由》，管可秾译，三联书店2011年。
[24][英]昆廷·斯金纳:《霍布斯哲学中的理性与修辞》，王加丰、郑崧译，华东师范大学出版社2005年。
[25][美]列奥·施特劳斯:《政治哲学史》，李洪润等译，法律出版社2009年。
[26][美]列奥·施特劳斯:《自然权利与历史》，彭刚译，三联书店2003年。
[27][美]列奥·施特劳斯:《霍布斯的政治哲学》，申彤译，译林出版社2012年。
[28][美]列奥·施特劳斯:《苏格拉底问题与现代性》，载《施特劳斯讲演与论文集》，彭磊、丁耘译，华夏出版社2008年。
[29][美]列奥·施特劳斯:《古典政治理性主义的重生》，郭振华译，华夏出版社2011年。
[30][英]安东尼·吉登斯:《现代性与自我认同》，赵旭东等译，三联书店1998年。
[31][英]安东尼·吉登斯:《现代性的后果》，田禾译，译林出版社2014年。
[32][美]阿兰·布鲁姆:《巨人与侏儒》，秦露等译，华夏出版社2007年。
[33][美]阿兰·布鲁姆:《美国精神的封闭》，战旭英译，译林出版社2011年。
[34][美]迈克尔·扎克特:《洛克政治哲学研究》，石碧球等译，人民出版社2013年。
[35][德]费勃:《哲人的无知》，王师译，华夏出版社2010年。

[36][美]克吕格:《王制要义》，张映伟译，华夏出版社2006年。
[37][美]理查德·塔克:《自然权利诸理论》，杨利敏、朱圣刚译，吉林出版集团有限责任公司2014年。
[38][美]R.弗里曼·伯茨:《西方教育文化史》，王玉凤译，山东教育出版社2013年。
[39][美]纳坦·塔科夫:《为了自由——洛克的教育哲学》，邓文正译，三联书店2001年。
[40][法]托克维尔:《论美国的民主》，董果良译，商务印书馆1988年。
[41][美]马斯特:《卢梭的政治哲学》，胡建兴、黄涛等译，华东师范大学出版社2013年。
[42][美]普拉特纳:《卢梭的自然状态》，尚建新、余灵灵译，华夏出版社2008年。
[43][德]胡塞尔:《欧洲科学的危机与超越论的现象学》，王炳文译，商务印书馆2001年。
[44][德]哈贝马斯:《作为意识形态的技术与科学》，李黎、郭官义译，学林出版社1999年。
[45][美]马泰·卡林内斯库:《现代性的五副面孔》，顾爱彬、李瑞华译，商务印书馆2002年。
[46][美]斯蒂芬·贝斯特、[美]道格拉斯·科尔纳:《后现代转向》，陈刚译，南京大学出版社2002年。
[47][美]布莱克:《现代化的动力》，景跃进等译，浙江人民出版社1989年。
[48][英]约翰·麦克里兰:《西方政治思想史》，彭淮栋译，海南出版社2003年。
[49][德]恩斯特·卡西尔:《卢梭问题》，王春华译，译林出版社2009年。
[50][德]恩斯特·卡西尔:《启蒙哲学》，顾伟铭等译，山东人民出版社1988年。
[51][美]阿拉斯代尔·麦金泰尔:《德性之后》，龚群译，中国社会科学出版社1995年。
[52][法]德里达:《马克思的幽灵》，何一译，人民大学出版社1999年。

[53][德]马克斯·韦伯:《经济与历史支配的类型》,康乐等译,广西师范大学出版社 2010 年。
[54][俄]普列汉诺夫:《论一元论历史观之发展》,博古译,三联书店 1961 年。
[55][英]亚当·斯密:《国富论》,杨敬年译,陕西人民出版社 2001 年。
[56][德]费尔巴哈:《费尔巴哈哲学著作选集》,三联书店 1959 年。
[57][英]阿伦·布洛克:《西方人文主义传统》,董乐山译,三联书店 1997 年。
[58][英]怀特海:《教育的目的》,徐汝舟译,三联书店 2002 年。
[59][德]雅斯贝尔斯:《什么是教育》,邹进译,三联书店 1991 年。
[60][芬]冯·赖特:《知识之树》,陈波等译,三联书店 2003 年。
[61][美]奈尔·诺丁斯:《教育哲学》,许立新译,北京师范大学出版社 2008 年。
[62][美]约翰·杜威:《民主主义与教育》,王承绪译,人民教育出版社 2001 年。
[63][英]普林:《教育研究的哲学》,李伟译,北京师范大学出版社 2008 年。
[64][美]詹姆斯·麦克莱伦:《教育哲学》,宋少云、陈平译,三联书店 1988 年。
[65][美]约翰·布鲁贝克:《高等教育哲学》,王承绪等译,浙江教育出版社 2001 年。
[66][美]詹姆斯·施密特:《启蒙运动与现代性》,徐向东、卢华萍译,上海人民出版社 2005 年。
[67][荷]托马斯·奥斯本:《启蒙面面观》,郑丹丹译,商务印书馆 2007 年。
[68][美]安东尼·J. 卡斯卡迪:《启蒙的结果》,严忠志译,商务印书馆 2006 年。
[69][美]卡尔·贝克尔:《启蒙时代哲学家的天城》,何兆武译,江苏教育出版社 2005 年。
[70][美]斯蒂芬·埃里克·布隆纳:《重申启蒙》,殷杲译,江苏人民出版社 2006 年。

[71]［美］维塞尔：《启蒙运动的内在问题》，贺志刚译，华夏出版社 2007 年。
[72]［英］奥克肖特：《政治中的理性主义》，张汝伦译，上海译文出版社 2003 年。
[73]［德］马克斯·霍克海默、［德］西奥多·阿多诺：《启蒙辩证法》，渠敬东、曹卫东译，上海人民出版社 2006 年。
[74] 中国教育科学研究会编：《学习马克思的教育思想》，人民教育出版社 1983 年。
[75] 苏联教育科学院编：《马克思恩格斯论教育》，人民教育出版社 1985 年。
[76]《廖平蒙文通卷》（中国现代学术经典），河北教育出版社 1996 年。
[77] 北京大学哲学系编译：《十八世纪法国哲学》，商务印书馆 1963 年。
[78]《蒙文通全集》，巴蜀书社 2015 年。
[79] 陈晏清、王南湜、李淑梅：《马克思主义哲学高级教程》，南开大学出版社 2001 年。
[80] 杨桂华：《转型社会控制论》，山西教育出版社 1998 年。
[81] 王南湜：《从领域合一到领域分离》，山西教育出版社 1998 年。
[82] 王新生：《市民社会论》，广西人民出版社 2003 年。
[83] 刘小枫、陈少明：《古典传统与自由教育》，华夏出版社 2005 年。
[84] 厉以贤、李明德等：《马克思恩格斯教育学说探讨》，教育科学出版社 1985 年。
[85] 厉以贤：《马克思列宁教育论著选讲》，北京师范大学出版社 1992 年。
[86] 王葎：《启蒙传统与教育现代性》，人民出版社 2014 年。
[87] 王文锦：《礼记译解》，中华书局 2001 年。
[88]《戴震全书·中庸补注》，黄山书社 1994 年。
[89] 陈柱：《中庸注参》，商务印书馆 1931 年。
[90] 陈友松：《当代西方教育哲学》，教育科学出版社 1982 年。
[91] 渠敬东：《现代政治与自然》，上海人民出版社 2003 年。
[92] 吴增定：《利维坦的道德困境》，三联书店 2012 年。
[93] 许纪霖主编：《启蒙的遗产与反思》，江苏人民出版社 2010 年。
[94] 单中惠：《西方教育思想史》，山西人民出版社 1995 年。

[95] 金生鈜:《理解与教育——走向哲学解释学的教育哲学导论》,教育科学出版社 1997 年。
[96] 黄济:《教育思想》,北京师范大学出版社 1985 年。
[97] 吴全华:《教育现代性的合理性》,广东人民出版社 2009 年。
[98] 周谷平:《马克思主义教育思想的中国化历程》,浙江大学出版社 2008 年。
[99] 冯建军:《教育的人学视野》,安徽教育出版社 2008 年。
[100] 倪志安:《马克思主义哲学教育方法论研究》,人民出版社 2006 年。
[101] 袁振国:《当代教育学》,教育科学出版社 1998 年。
[102] 舒志定:《人的存在与教育——马克思教育思想的当代价值》,学林出版社 2004 年。
[103] 陆有铨:《躁动的百年——20 世纪的教育历程》,山东教育出版社 2001 年。
[104] 杨德广:《现代高等教育思想探索》,人民教育出版社 2001 年。
[105] 石中英:《知识转型与教育改革》,教育科学出版社 2001 年。
[106] 王坤庆:《教育哲学新编》,华中师范大学出版社 2010 年。
[107] 刁培尊、丁沅:《马克思主义教育思想》,华东师范大学出版社 1987 年。

二、主要中文期刊和学术论文

[1] 陈晏清:《政治哲学的时代使命》,《求是学刊》2006 年第 3 期。
[2] 陈晏清、李淑梅:《个人和社会的关系问题是社会观念的核心问题》,《天津大学学报》1999 年第 1 期。
[3] 杨桂华:《大学教育质量的学术标准和社会标准》,《中国大学教学》2008 年第 1 期。
[4] 杨桂华:《构建和谐社会与文化的两个尺度》,《中国高教研究》2007 年第 12 期。
[5] 阎孟伟:《旨在人类解放的政治解放——三论当代中国政治文明建设》,《教学与研究》2009 年第 1 期。
[6] 阎孟伟:《"社会公正"与社会和谐》,《天津社会科学》2007 年第 1 期。
[7] 阎孟伟:《马克思的解放理论及其对我们的启示——兼论当代中国政治文

明建设》,《教学与研究》2006 年第 12 期。
[8] 阎孟伟:《欧洲近代政治哲学的兴起与分化》,《求是学刊》2006 年第 3 期。
[9] 阎孟伟:《政治解放与当代中国市场取向的改革——再论当代中国政治文明建设》,《教学与研究》2008 年第 1 期。
[10] 李淑梅:《体系化哲学的突破与政治哲学研究方法的转变——马克思的黑格尔法哲学批判再解读》,《哲学研究》2005 年第 4 期。
[11] 王南湜:《从“理想国”到“法治国”——现实性的马克思主义政治哲学何以可能》,《天津社会学》2006 年第 5 期。
[12] 王南湜:《实践哲学视野中的社会正义问题》,《求是学刊》2006 年第 3 期。
[13] 王新生:《马克思超越政治正义的政治哲学》,《学术研究》2005 年第 3 期。
[14] 王新生:《唯物史观与政治哲学》,《哲学研究》2007 年第 8 期。
[15] 厉以贤:《马克思关于人的学说与教育》,《北京师范大学学报》1983 年第 2 期。
[16] 李德顺:《对“文化养成”的粗浅理解》,《当代青年研究》2008 年第 7 期。
[17] 李德顺:《以人为本的价值观》,《哲学动态》2004 年第 7 期。
[18] 丰子义:《如何理解和把握人的全面发展》,《北京社会科学》2002 年第 4 期。
[19] 俞吾金:《马克思的实践唯物主义及其当代发展趋向》,《江苏社会科学》2000 年第 6 期。
[20] 俞吾金:《海德格尔的现代性批判及其启示》,《江海学刊》2008 年第 5 期。
[21] 刘小枫:《施特劳斯与启蒙哲学》,《西北师大学报》(社会科学版)2009 年第 3 期。
[22] 高兆明:《自由视域中的教育》,《中国德育》2006 年第 9 期。
[23] 吴倬、田毅松:《马克思的教育哲学及其当代意义》,《江苏行政学院学

报》2013 年第 2 期。
[24] 舒志定:《论马克思教育思想的当代意义》,《学习论坛》2007 年第 9 期。
[25] 吴亚玲:《马克思人的本质理论及其教育学意义》,《广东社会科学》2009 年第 6 期。
[26] 黄济:《马克思主义教育思想的时代意义》,《教育研究》2003 年第 6 期。
[27] 袁银传、韩玲:《马克思关于理论教育的原则方法及其时代意义》,《教学与研究》2007 年第 11 期。
[28] 韩玲:《马克思的理论教育思想研究》,《教育学术月刊》2009 年第 9 期。
[29] 陆有铨、迟艳杰:《中国教育哲学的世纪回顾和展望》,《教育研究》2003 年第 7 期。
[30] 陈佑清:《从实践唯物主义看教育与社会之间的适应与超越》,《江苏高教》1999 年第 1 期。
[31] 俞吾金:《马克思对现代性的诊断及其启示》,《中国社会科学》2005 年第 1 期。
[32] 欧阳康:《马克思现代性理论的价值取向及其当代意义》,《江海学刊》2006 年第 1 期。
[33] 刘开会:《哈贝马斯对现代西方理性主义文化的反思》,《兰州大学学报》2006 年第 3 期。
[34] 赵敦华:《马克思的批判哲学和启蒙时代精神的精华》,《北京大学学报》2014 年第 4 期。
[35] 郝德永:《乌托邦——当代教育的根本品质》,《东北师大学报》(哲学社会科学版)2001 年第 3 期。
[36] 邹广文:《时代精神与大学理念》,《辽宁工学院学报》2004 年第 5 期。
[37] 金业文、刘志军:《教育现代性研究的进展及其阐释空间的拓展》,《现代大学教育》2014 年第 3 期。
[38] 赵义良:《论马克思对卢梭教育思想的继承与超越》,《清华大学教育研究》2009 年第 2 期。
[39] 厉以贤:《马克思关于人的学说与教育》,《北京师范大学学报》1983 年第 2 期。

[40] 舒志定:《论马克思教育思想的当代意义》,《学习论坛》2007年第9期。
[41] 舒志定:《现实的个人：教育的出发点》,《教育史研究》2003年第1期。
[42] 舒志定:《论马克思教育思想的当代意义》,《河北师范大学学报》2007年第9期。
[43] 黄济:《马克思主义教育思想的时代意义》,《教育研究》2003年第6期。
[44] 福柯:《什么是启蒙运动》,《世界哲学》2005年第1期。
[45] 贺来:《启蒙精神与当代哲学的合法性》,《哲学研究》2010年第8期。
[46] 邓晓芒:《启蒙的进化》,《读书》2009年第8期。

三、外文文献

[1] Martin Heidegger. The Event[M]. Indiana University Press, 2012.
[2] Martin Heidegger. Nature, History, State: 1933—1934 [M]. Bloomsbury Academic, 2013.
[3] John Locke. Political Essays[M]. Cambridge University Press, 1997.
[4] John Locke. Essays On the Law of Nature [M]. Oxford University Press, 1954.
[5] John Locke. Educational Writings of John Locke [M]. Cambridge University Press, 1968.
[6] John Locke. Some Thoughts Concerning Education [M]. Clarendon Press, 1989.
[7] John Locke. Two Treatises of Government [M]. Cambridge University Press, 1993.
[8] Roger D. Masters. The Political Philosophy of Rousseau [M]. Princeton University Press, 1968.
[9] Edited by J.H. Burns. The Cambridge History of Political Thought 1450—1700 [M]. Cambridge University Press, 1911.
[10] Randall R. Curren, Philosophy of education: an anthology [M], Blackwell Publishing Ltd, 2007.

[11] Robin Small, Max and Education [M]. Ashgate Publishing Limited, 2005.
[12] Christopher Winch, John Gingell, Philosophy of education: The Key Concepts, Routledge, 2008.

图书在版编目(CIP)数据

颠覆与重构:启蒙时期的教育哲学及其价值/谢莹著. —上海:上海人民出版社,2020
ISBN 978-7-208-16306-5

Ⅰ. ①颠… Ⅱ. ①谢… Ⅲ. ①教育哲学-研究 Ⅳ. ①G40-02

中国版本图书馆 CIP 数据核字(2020)第 027367 号

责任编辑 赵 伟
封面设计 陈酌工作室

颠覆与重构
——启蒙时期的教育哲学及其价值
谢 莹 著

出　版 上海人民出版社
(200001 上海福建中路 193 号)
发　行 上海人民出版社发行中心
印　刷 上海商务联西印刷有限公司
开　本 890×1240 1/32
印　张 6.75
插　页 3
字　数 142,000
版　次 2020 年 5 月第 1 版
印　次 2020 年 5 月第 1 次印刷
ISBN 978-7-208-16306-5/B·1455
定　价 48.00 元